LE FOIE GRAS DU PÉRIGORD
SUBLIMÉ PAR SES CHEFS

Pour des raisons de lisibilité, nous avons choisi d'écrire les marques déposées avec une majuscule, sans les faire suivre du sigle ™.

www.albin-michel.fr

LE FOIE GRAS DU PÉRIGORD SUBLIMÉ PAR SES CHEFS

Photographies de Philippe Asset

Albin Michel

TABLE

LE FOIE GRAS, TRÉSOR DU PATRIMOINE

Le foie gras est-il né il y a plus de 4 500 ans, sur les rives du Nil ? On s'accorde à le dire, même s'il n'existe aucun texte pour en apporter la preuve. Mais quelques bas-reliefs, et les fragments d'un décor peint sur torchis provenant du tombeau de Métchétchi dans la nécropole de Saqqarah – que l'on peut admirer au département des antiquités égyptiennes du musée du Louvre –, attestent que le gavage des oies, des canards et des grues était déjà une pratique courante dans l'Ancien Empire égyptien.

En observant les oiseaux se gaver de nourriture plus qu'à l'ordinaire et faire ainsi le « plein d'énergie » avant d'entreprendre leurs longs voyages migratoires, les Égyptiens avaient compris que c'était l'accumulation de graisse qui rendait la chair des volailles plus goûteuse. Difficile d'imaginer qu'ils soient passés à côté de l'effet « magique » qu'un tel traitement pouvait exercer sur ce morceau de choix qu'est le foie.

Mais revenons au foie proprement dit. Le mot vient du latin *ficatum* qui signifie la figue. Car si, après les Égyptiens, les Grecs et les Romains furent de grands amateurs de foie d'oie, c'est avec des figues qu'ils engraissaient les volailles. En témoignent Horace, qui évoque le *jecur ficatum* (littéralement : le foie dû aux figues) dans ses écrits au Ier siècle avant J.-C., et Pline L'Ancien qui, en 23 avant J.-C., en désigne les probables « inventeurs » : *« Les Romains [...] distinguent cet animal par la bonté de son foie. Cette partie devient prodigieusement grosse dans les oies qu'on engraisse ; on l'augmente encore en la faisant tremper dans du lait miellé ; et [...] cette découverte précieuse [...] on la doit à Scipion Metellus, personnage consulaire, ou à Seius, chevalier romain, qui vécut dans le même temps. »* (Traduit par M. Guéroult dans *Morceaux extraits de l'Histoire naturelle de Pline*. 1785)

L'engouement des Romains pour le foie gras engraissé aux figues est tel que, dès le IVe siècle, le mot *jecur* (le foie) disparaît et *ficatum* (aux figues) devient l'appellation générique, pour se transformer, quelques siècles plus tard, et après de nombreuses évolutions phonétiques et de multiples franchissements de frontières, en foie désignant l'organe, tout simplement. On ne sait pas précisément quand le foie gras est apparu en France, mais il est régulièrement évoqué dans la littérature gastronomique dès

LA FÊTE DE LA SAINT-MARTIN (11 NOVEMBRE)

Qui était saint Martin ? Au début du IVe siècle, Martin, un tout jeune soldat de 18 ans découpe sa cape en deux pour en donner la moitié à un miséreux, transi de froid pendant un hiver particulièrement rigoureux. Cet acte de compassion ainsi que beaucoup d'autres firent de lui le saint le plus populaire en Europe.
Il meurt d'épuisement à force d'avoir aimé, soutenu et protégé les paysans jusqu'au plus profond des campagnes. Ses obsèques eurent lieu le 11 novembre 397 (date choisie ultérieurement pour sa fête). C'est pour son geste emblématique de partage que saint Martin est élu patron des volaillers et du foie gras, mets sublimé lorsqu'il est partagé.
« L'été de la Saint-Martin dure trois jours et un brin. » Depuis plusieurs siècles, la fête de la Saint-Martin est une parenthèse entre la fin des récoltes et le début de l'hiver et de ses grands froids. Une période aussi appelée « l'été de la Saint-Martin » car, touchée par les vents du Sud-Ouest de la France, elle bénéficie souvent d'un appréciable redoux.
Mais elle correspond surtout à l'arrivée des premiers foies gras sur les fameux marchés au gras du Sud-Ouest. En effet, la ponte démarrant naturellement au printemps, les canetons et oisons élevés au cours de l'été pour ensuite être engraissés dès la première récolte de maïs arrivent à maturité pour fournir les premiers foies gras sur les marchés à la mi-novembre.

le XVIIIe siècle, essentiellement cuisiné en pâté ou en terrine, et servi froid.
À l'origine, un pâté désignait une pâte enveloppant des hachis de viandes, de volailles, de gibiers ou de poissons. Le tout était cuit au four et consommé chaud ou froid. Les pâtés, qui présentaient l'avantage de se conserver plusieurs jours, tenaient alors une place importante dans la vie quotidienne, constituant des cadeaux culinaires appréciés entre familles à l'occasion des baptêmes, mariages ou autres grands événements.
Or, au milieu du XVIIIe siècle, voyager prenait du temps. D'après Silvano Serventi, historien spécialiste des usages alimentaires et des pratiques culinaires, plus d'une semaine était alors nécessaire pour aller de Périgueux à Paris. Le contenant en pâte fut donc progressivement remplacé par un récipient de faïence appelé terrine, plus solide et plus hermétique, pour assurer sans dommage le transport des pâtés.

À la fin du XVIIIe siècle, selon Jean-Robert Pitte, géographe et président de la Mission française du patrimoine et des cultures alimentaires, trois recettes de pâté de foie gras acquirent simultanément une réputation européenne : celle du sieur Taverne, cuisinier inventeur de la « terrine de Nérac », celle d'Antoine-François Courtois, pâtissier à Périgueux dont les pâtés réjouissaient les palais des cours d'Angleterre et de Frédéric de Prusse et, en Alsace, celle de Jean-Pierre Clause, premier cuisinier au service du maréchal de Contades, dont le pâté fourré d'un foie gras et d'une farce de lard et de veau finement hachée conquit son maître, qui s'empressa d'en faire porter au roi Louis XVI. Ce dernier s'en délecta et assura à son tour la diffusion du « Foie gras à la

Contades » partout en Europe.
Jean-Anthelme Brillat-Savarin, épicurien et gastronome, décrira plus tard ce « Gibraltar de Foie Gras qui, au moment de son apparition, fit cesser toutes les conversations par la plénitude des cœurs [...] et se succéder tour à tour sur toutes les physionomies le feu du désir, l'extase de la jouissance, le repos parfait de la béatitude. »

Au début du XIXe siècle, le foie gras semble désormais bien établi parmi les classiques de la gastronomie française et sa notoriété ne fait que s'accroître. Alexandre Balthazar Laurent Grimod de la Reynière, l'un des pères fondateurs de la gastronomie occidentale moderne, s'en fait l'écho dans son périodique l'*Almanach des gourmands* et dans le *Manuel des amphitryons*. Dans le premier numéro de l'*Almanach,* en 1804, il propose à ses lecteurs de se fournir en pâtés de foie gras auprès des boutiques de comestibles les plus réputées comme Corcellet, Rouget ou l'Hôtel des Américains.

Qu'est-ce qu'un foie gras ?

Un foie gras est une spécialité culinaire à base de foie gras de canard (ou d'oie) adulte en bonne santé, élevé et gavé selon la tradition : les animaux de 1 jour sont placés en poussinière jusqu'à 4-5 semaines. Quand leurs plumes leur assurent une protection suffisante, ils ont accès à des espaces extérieurs herbeux et passent ainsi environ 2 mois 1/2 en liberté.
En fin d'élevage, les palmipèdes devenus adultes reçoivent une alimentation progressive et contrôlée durant encore environ 2 semaines. C'est pendant cette période de gavage que leur foie va grossir et fabriquer les graisses qui le transformeront en foie gras.

Oie ou canard ?

Le choix est une question de goût et de terroir. Le foie d'oie est censé être plus subtil en bouche. Le foie de canard, spécialité du Sud-Ouest et du Centre, est plus petit et réputé avoir un goût plus prononcé. Ceci étant, lors d'une dégustation « à l'aveugle », les spécialistes reconnaissent qu'il faut avoir un palais particulièrement exercé pour distinguer un foie d'oie d'un foie de canard.
Jusque dans les années 1980, en Dordogne, c'était le foie gras d'oie qui était majoritairement consommé. Ensuite, la consommation de foie gras d'oie s'équilibrait avec celle de foie gras de canard. Puis la tendance s'est inversée et la production de foie gras de canard est aujourd'hui largement majoritaire. Il représente environ 95 % de la production française.

Comment le choisir ?

Pour bénéficier de la dénomination « foie gras », un foie doit respecter un poids minimum : 400 g pour un foie d'oie et 300 g pour un foie de canard.

Pour un **foie gras cru de canard** acheté sur le marché, chez un volailler, en grande surface, dans les épiceries fines, ou encore chez un artisan-boucher, préférez un poids variant entre 450 et 600 g.

Pour un **foie gras cru d'oie**, ne dépassez pas les 800 g. Trop lourd, il risque de perdre beaucoup de graisse. Trop léger, il risque d'être trop sec.

La couleur, variant du beige rosé au crème doit être uniforme et sans tache (voir photos ci-contre), la texture régulière et fine mais surtout pas granuleuse. Au toucher, il doit être ferme, souple et lisse. Les lobes ne doivent en aucun cas être meurtris et leur pointe doit rester relativement ferme sous le doigt. Une légère pression du pouce laisse une empreinte qui s'efface progressivement.

Le foie gras cru est en général conditionné sous vide pour limiter l'oxydation. La date limite de consommation (DLC) est alors de 15 jours. Toutefois on trouve aussi des foies gras crus conditionnés « sous papier » avec une DLC de 5 jours maximum. C'est le haut de gamme car ils sont ultrafrais, la meilleure condition pour fabriquer un bon foie gras. En effet, plus le foie gras est frais, moins il fond à la cuisson. Si vous souhaitez vous simplifier la tâche, optez pour un foie « déveiné ».

Quant au **foie gras surgelé**, il peut être entier ou de préférence en escalopes. La surgélation le rend assez fragile, et le processus de décongélation a tendance à dégrader le produit (qui peut fondre davantage à la cuisson). Il est recommandé (pour le grand public) de trancher le foie gras cru en escalopes avant de le congeler. Pour la cuisson, déposez directement les escalopes sorties du congélateur dans une poêle chaude, pour un meilleur rendu. Il est conseillé de congeler le foie gras cru au plus près de la date d'emballage. Les professionnels, quant à eux, congèlent le produit immédiatement après l'éviscération, et un premier refroidissement, pour en conserver la qualité première.

Un beau foie gras

Un foie gras abîmé

L'IGP « CANARD À FOIE GRAS DU SUD-OUEST-PÉRIGORD »

Dédiée au canard, l'IGP (Indication Géographique Protégée) a été délivrée par la Commission européenne le 26 juin 2000. Cette dénomination certifie la traçabilité complète des canards et garantit qu'ils sont élevés dans une ferme du Périgord, abattus, découpés et cuisinés dans le Périgord.

L'IGP assure donc au consommateur un produit intégralement du terroir et le protège des imitations. Elle lui garantit l'achat d'un foie gras de très bonne qualité, sain, à la texture et aux saveurs raffinées, conformes aux traditions du pays. Cette transparence prend la forme de nombreux contrôles réalisés par un Organisme de Certification indépendant accrédité par l'État et les institutions européennes.

Enfin, pour identifier de façon certaine les produits issus de canards gras élevés et gavés et abattus et découpés et cuisinés et conditionnés en Périgord, la marque collective de certification « Origine certifiée Périgord » et son logo sont apposés sur les emballages, tout comme l'est le logo européen des IGP.

Comment le déveiner ?

Indispensable avant de cuisiner un foie gras cru, le déveinage est une opération délicate en apparence, mais assez simple dans la pratique.
Après avoir, à température ambiante, placé le foie gras sur sa partie bombée, la pointe des lobes tournée vers vous, écartez délicatement les 2 lobes. Retirez toute partie verdâtre (tachée par le fiel).
À l'aide d'un petit couteau pointu, entaillez légèrement le foie gras pour retirer le canal où circule la bile puis, à la jointure des 2 lobes, au 1/3 supérieur, ôtez (en tirant doucement dessus) la plus grosse veine tout en dégageant doucement avec le plat du couteau les autres ramifications nerveuses. Si le foie se détache par endroit, il suffit de le reconstituer délicatement.

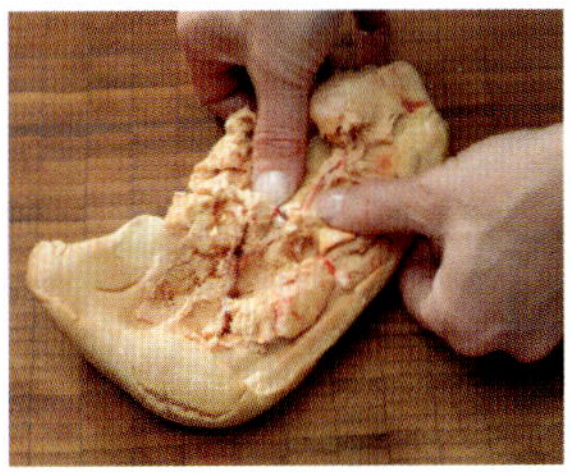

LE FOIE GRAS ET LE PÉRIGORD

Le foie gras, produit festif et ancré dans le terroir, est intimement lié à l'histoire du Périgord. La pratique de l'engraissement des oies et des canards dans le Sud-Ouest de la France – activité longtemps réservée aux femmes – remonte à la découverte de l'Amérique et plus particulièrement à l'introduction de la culture du maïs dans la région, et à son adoption pour l'alimentation des oiseaux. Par la suite, l'apparition du mulard ou « canard gras » (un croisement de cane de Pékin, originaire d'Asie, et de canard de Barbarie), d'un poids plus élevé et donnant un foie plus lourd, facilite la production de foies gras.
Au XIXe siècle, la mise au point du procédé d'appertisation (stérilisation dans un récipient clos et étanche), qui permet de conserver le foie gras et les pâtés truffés beaucoup plus longtemps et de les faire voyager sans risque, conforte l'essor du foie gras périgourdin. L'activité de conservation se met alors en place et se développe, transformant le Périgord en pôle de référence pour la préparation du foie gras en conserve et apportant un rayonnement planétaire à la production locale, forte d'un savoir-faire traditionnel et d'une diversité de recettes transmises dans les nombreuses petites et moyennes entreprises familiales[1]. Et même Élisabeth II, actuelle reine d'Angleterre, a rappelé son irrésistible penchant pour le foie gras en réclamant qu'il soit ajouté au menu officiel lors des festivités liées à la commémoration des 70 ans du débarquement.

1. Le foie gras a été promu au rang de « Patrimoine gastronomique et culturel français » par la loi d'orientation agricole n°2341, article L.654-27-1 du Code rural, le 5 janvier 2006.

Comment l'assaisonner ?

L'assaisonnement du foie gras se réalise après le déveinage : sel, poivre, puis en fonction des goûts : un peu de sucre, une pointe de noix muscade, de mélange 4-épices… En fonction de vos préférences et de la recette envisagée, de nombreux ajouts sont possibles : cognac, porto, vin doux naturel, miel, etc.

Cru, mi-cuit ou en conserve ?

Le foie gras se plie à toutes les situations et se conjugue en toutes saisons. S'il reste un mets de choix et de faste, la variété de ses préparations est très appréciable. Les différentes préparations du commerce sont liées essentiellement au mode de cuisson et sont réparties en plusieurs catégories.

• Le **foie gras cru** a la faveur des grands chefs d'aujourd'hui. Contrairement à leurs prédécesseurs du début du siècle dernier, ils travaillent le produit généralement coupé en escalopes, simplement poêlé à feu vif et toujours relevé d'une sauce acidulée ou sucrée. Tous les mariages, toutes les associations, toutes les utilisations et les combinaisons sont possibles, de l'entrée au dessert, dès lors que l'on respecte l'équilibre et l'harmonie des saveurs.

• Le **foie gras mi-cuit** se présente sous forme de terrines, de bocaux ou de boîtes métalliques. C'est une semi-conserve qui a été pasteurisée, c'est-à-dire cuite à cœur à une température de 70 à 85 °C selon les fabricants. Cette préparation connaît un vif succès car elle permet de conserver les arômes du foie. Elle se garde au frais entre quelques semaines et quelques mois selon la durée et la température de cuisson.

Pour une terrine « maison » de foie gras mi-cuit, la température à cœur doit être de 54 °C ; et pour un foie gras cuit, elle doit être de 60 °C. Mais il est recommandé d'arrêter la cuisson à 58 °C (car elle continuera un peu à cuire) et de placer la terrine dans de l'eau glacée pour arrêter la cuisson. Quand elle est froide, la placer au réfrigérateur.

• Le **foie gras en conserve** est stérilisé, traité en autoclave entre 102 et 105 °C, et sa conservation est de quelques années. C'est la préparation la plus traditionnelle ; elle est servie en début de repas, en entrée ou à l'apéritif.

IL Y A FOIE GRAS ET FOIE GRAS

La dénomination « foie gras » est réservée aux produits contenant exclusivement du foie gras. Depuis le 1er janvier 1994, la législation réglemente toutes les appellations des préparations à base de foie gras vendues en France. Seules trois d'entre elles peuvent bénéficier du terme « foie gras » dans leur dénomination de vente : elles ne contiennent que du foie gras et un assaisonnement.

- **Le foie gras entier.** C'est le haut de gamme, donc le plus cher. Il est composé exclusivement d'un foie gras entier. À la coupe, il présente une coloration uniforme. Les assaisonnements autorisés sont le sel, le sucre, les épices et plantes aromatiques, les eaux de vie, les vins de liqueur et les vins.
- **Le foie gras.** Cette appellation désigne une préparation composée de morceaux de lobes de 20 g minimum agglomérés et assaisonnés mais ne provenant pas forcément du même animal. Il a un aspect marbré esthétique très recherché au tranchage.
- **Le bloc de foie gras.** C'est une émulsion à base de foie gras reconstitué et d'eau (10 % maximum) mise en forme dans un moule. Moins cher que le foie gras, la texture et la saveur d'un bloc de foie gras sont différentes. Un bloc « avec morceaux » doit comporter au moins 30 % de petits morceaux de lobes de 10 g minimum, ce qui donne une belle tranche où les morceaux sont bien visibles.

Hormis ces trois appellations, il existe d'autres préparations : le *parfait de foie gras* est composé au minimum de 75 % de foie gras auquel on a ajouté du foie maigre d'oie ou de canard. Les *médaillons*, les *galantines*, les *pâtés* et les *mousses de foie d'oie* ou *de canard* doivent contenir au moins 50 % de foie gras. Et enfin les préparations dites « au foie gras » comme les *pâtés au foie d'oie* ou *de canard*, doivent contenir au minimum 20 % de foie gras. Un *pâté truffé* contient au moins 3 % de truffes.

LES MÉTIERS DU FOIE GRAS

• **L'accouveur.** Il a pour mission de transformer les œufs en oisons et en canetons.

• **L'éleveur-gaveur.** Après réception des canetons et oisons de 1 jour, il a pour charge de les élever avec une alimentation adaptée et très progressivement augmentée.

• **Le découpeur.** Les animaux sont abattus sous strict contrôle sanitaire, plumés puis découpés en différents morceaux : magrets, aiguillettes, cuisses, manchons ailerons, arrières, etc. Le foie est ensuite prélevé. L'opération s'avère délicate et minutieuse, et nécessite un vrai savoir-faire.

• **Le conserveur.** Son rôle est de sublimer le foie en le cuisinant dans les règles de l'art. L'expérience, le tour de main ainsi que quelques secrets de famille ancestraux font la différence. Le conserveur s'occupe à la fois du conditionnement et de la conservation, sous toutes ses formes : en verrine, en terrine, en conserve ou sous-vide.

Les modes de préparation de base du foie gras

Au gros sel

• Déveiner 1 foie gras cru (voir p. 11) et l'assaisonner.
• Aplatir le foie gras sur environ 1,5 cm d'épaisseur puis le placer au réfrigérateur pendant 1 h.
• Quand il est bien raffermi, le rouler dans une mousseline ou un torchon (qui n'a pas été lavé avec une lessive parfumée !) tout en formant un cylindre.
• Verser du gros sel dans un plat creux, y déposer le cylindre de foie gras, le recouvrir de gros sel et réserver au réfrigérateur pendant 24 h.
• Avant de consommer le foie gras, le dessaler sous un filet d'eau courante et l'essuyer délicatement.

Au bain-marie

Terrine de foie gras cuit

• Déveiner 2 foies gras crus (voir p. 11) et les assaisonner de sel fin, poivre blanc, 1 cuil. à café de sucre en poudre et 1 pincée de noix muscade.
• Mettre les foies gras dans un plat creux et les arroser de 1 cuil. à soupe de cognac, 1 cuil. à soupe de porto et 1 cuil. à soupe de xérès. Bien mélanger le tout et laisser reposer 12 h au réfrigérateur.
• Sortir les foies gras de leur « marinade » en les égouttant, puis les tasser dans une terrine.
• Préchauffer le four à 110 °C (th. 3-4).
• Mettre la terrine dans un bain-marie, sans la couvrir, et la faire cuire 40 min au four.
• Quand la terrine est cuite, la laisser refroidir complètement et l'entreposer 12 h au réfrigérateur avant dégustation.

Au torchon (poché)

Foie gras cuit

• Déveiner 2 foies gras crus (voir p. 11) et les assaisonner de sel fin, poivre blanc, 1 cuil. à café de sucre en poudre et 1 pincée de noix muscade.
• Mettre les foies gras dans un plat creux, les arroser de 10 cl de bergerac moelleux et laisser reposer 12 h au réfrigérateur.
• Sortir les foies gras de leur « marinade » en les égouttant. Former un cylindre avec les 2 foies gras amalgamés. Envelopper ce cylindre d'un torchon propre (qui n'a pas été lavé avec une lessive parfumée !). Ficeler les extrémités en serrant très fort.
• Faire chauffer 4 litres de bouillon de volaille à 70 °C (c'est le moment où des petites bulles se forment au fond de la casserole) et y plonger le cylindre de foie gras pendant 25 à 30 min.
• Le retirer et le laisser refroidir.
• Resserrer au maximum le torchon sans déballer le foie gras et laisser reposer au réfrigérateur 48 h avant de le consommer.

À la vapeur

Terrine de foie gras mi-cuit

• Déveiner 1 foie gras (voir p. 11).
• Dans un bol, mélanger un peu de sel fin, de poivre blanc, d'épices au choix, ajouter éventuellement un peu d'alcool (cognac, bergerac moelleux, muscat corse, etc.) et répartir ce mélange sur les 2 lobes du foie.
• Envelopper le foie gras dans 2 couches de film étirable, en serrant bien aux extrémités afin de former un cylindre, puis dans une double feuille de papier aluminium, en serrant bien à chaque extrémité.
• Faire chauffer un cuit-vapeur et, à ébullition, déposer le foie gras dans le panier. À défaut de cuit-vapeur, utiliser une « marguerite »

en inox placée dans une casserole contenant un peu d'eau ou encore une cocotte avec panier ou tout autre ustensile vapeur.
• Compter 1 min de cuisson pour 100 g de foie gras.
• Laisser refroidir à température ambiante, puis entreposer au réfrigérateur au moins 24 h avant de déguster.

Au four à micro-ondes

Terrine de foie gras mi-cuit

• Déveiner 1 foie gras cru (voir p. 11) et l'assaisonner de sel fin, poivre blanc et noix muscade moulue.
• Mettre le foie gras dans un plat creux en verre et l'arroser de 10 cl de bergerac blanc moelleux (ou autre vin blanc moelleux). Recouvrir de film alimentaire percé de quelques trous.
• Faire cuire au four à micro-ondes en position « décongélation », en comptant 1 min 30 pour 100 g de foie gras.
• Sortir le foie gras du plat, l'égoutter et le placer dans une terrine. Mettre sous presse (voir p. 17) : tasser le foie et déposer un poids dessus en ayant pris le soin d'étendre un film alimentaire entre le foie et le poids.
• Réserver au réfrigérateur pendant 24 h.
• Ce foie gras mi-cuit peut se conserver 4 à 5 jours au réfrigérateur. Pour une conservation un peu plus longue, il suffit de recouvrir la terrine de graisse de canard (ou d'oie) fondue, et de remettre la terrine au réfrigérateur.

LES BOURZAQUES

À la poêle

Terrine de foie gras mi-cuit simplissime

Il est possible de réaliser une terrine de foie gras mi-cuit avec du foie gras poêlé.

• Déveiner 1 foie gras cru (voir p. 11) et l'assaisonner de sel fin et de poivre blanc.

• Le détailler en escalopes de 1 à 1,5 cm d'épaisseur coupées légèrement en biais pour avoir une plus grande surface.

• Dans une poêle très chaude sans matière grasse, faire saisir les escalopes pendant environ 2 min sur chaque face.

• En fin de cuisson, déposer les escalopes de foie gras sur du papier absorbant.

• Dans une terrine, disposer les escalopes poêlées en les superposant, puis mettre sous presse (voir p. 17) : tasser le foie et déposer un poids dessus en ayant pris le soin d'étendre un film alimentaire entre le foie et le poids.

• Réserver au réfrigérateur pendant 24 h.

• Ce foie gras mi-cuit peut se conserver 4 à 5 jours au réfrigérateur.

Poêlé

Escalopes de foie gras poêlées

Il est préférable de prélever les escalopes dans un foie gras cru non déveiné. Elles se tiendront mieux à la cuisson.

• Entreposer le foie gras au réfrigérateur pour qu'il soit assez ferme.

• Tailler des escalopes de 1 à 1,5 cm d'épaisseur en biseau dans l'axe et les saler.

• Dans une poêle chaude sans matière grasse, faire saisir les escalopes pendant environ 2 min sur chaque face. Adapter le temps selon la qualité du foie et l'épaisseur de l'escalope.

• En fin de cuisson, déposer les escalopes de foie gras sur du papier absorbant.

• Les présenter sur des assiettes chaudes.

En conserve

Foie gras entier cuit

Pour les adeptes de conserves qui souhaitent avoir du foie gras toute l'année, voici la recette pour réaliser du foie gras cuit.

• Déveiner 1 foie gras cru (voir p. 11) de qualité extra et l'assaisonner de sel fin et de poivre blanc.

• Le placer dans un bocal en verre et faire stériliser. Compter 2 h à 100 °C pour un bocal de 500 g. En fin de stérilisation, laisser refroidir le bocal dans l'eau, afin d'éviter tout choc thermique.

• Ranger le bocal dans un endroit sombre et sec et surtout attendre un minimum de 4 mois avant de consommer ce foie gras, pour lui donner le temps de développer tous ses arômes. La cuisson va faire sortir la graisse du foie et lui assurer une conservation idéale.

Mise sous presse d'une terrine de foie gras

La mise sous presse du foie gras permet de faire ressortir la graisse.

• Recouvrir la terrine d'un film alimentaire, puis placer dessus une petite planche (ou un carton) taillée au format de la terrine, recouverte de film alimentaire, et mettre un poids dessus (petites boîtes de conserve par exemple).

• Mettre au réfrigérateur pour 24 h (idéalement 4-5 jours) ou conserver jusqu'à 10 jours au réfrigérateur.

Quelle conservation ?

Pour garder toute la finesse et la saveur du foie gras intactes, voici quelques règles simples qu'il convient de respecter :

• Le foie gras cru peut être conservé sous vide ou enveloppé dans un torchon pendant 7 jours entre 0 et 4 °C.

• Le foie gras mi-cuit ou en semi-conserve, dont la texture onctueuse est un peu plus ferme que celle du foie gras cru, peut être conservé quelques semaines à quelques mois à une température de 2 à 4 °C, en boîte, dans un bocal en verre ou un récipient hermétique (en bocal, en boîte ou dans un récipient hermétique, il est cuit à 64-85 °C à cœur).

• Sous film, sous vide, il peut être conservé 21 jours à 2-4 °C.

• En croûte, en brioche ou en terrine, sous film ou sous vide, 15 jours à 2-4 °C.

• Le foie gras en conserve (en bocal ou en boîte, et cuit à 110 °C à cœur), à la texture encore plus onctueuse, peut être conservé plusieurs années (entre 10 et 15 °C). Le foie gras absorbant sa propre graisse, il gagne en onctuosité en vieillissant.

Avant de le déguster…

• Pour que le foie gras exhale toute la subtilité de ses parfums et de sa saveur délicate, il est recommandé de le laisser quelques minutes à température ambiante avant dégustation. Trop froid, il perd beaucoup de son fondant et de ses arômes.

• Pour faciliter le démoulage, il suffit de plonger très brièvement le contenant (bocal, barquette) dans de l'eau chaude.

• Pour conserver la finesse de sa texture, il doit être délicatement tranché au dernier moment avec une lame de couteau très fine, sans dents. Entre chaque tranche, passer la lame du couteau sous l'eau chaude et l'essuyer. Pour des tranches parfaites, utiliser un fil à couper le beurre ou une lyre à foie gras.

• S'il est servi froid, l'idéal est de le présenter sur des assiettes préalablement refroidies.

• S'il est servi chaud en escalopes, il gagnera à être présenté sur des assiettes chaudes. Pour chauffer les assiettes, il suffit de les passer sous l'eau bouillante et de les essuyer immédiatement. Ou de les mettre au four à 60 °C (th. 2) pendant 15 min avant de servir.

• En entrée, prévoir 40 à 50 g par personne.

• En plat principal, compter 100 à 130 g.

• En accompagnement, éviter les boissons ou aliments au goût trop prononcé, comme les alcools forts ou les biscuits très salés ou encore les verrines épicées à l'apéritif.

Comment déguster le foie gras ?

Le foie gras peut se déguster tout simplement sur des toasts. Mais il se prête volontiers à de nombreuses variations et apprécie l'inventivité. Il a toutefois ses préférences quant aux saveurs qui doivent l'accompagner… Le foie gras n'aime ni l'amertume ni les goûts trop puissants… qui risquent de faire oublier ses arômes délicats.

Les incontournables

• Le pain de campagne frais ou légèrement grillé et les toasts de pain de mie sont de grands classiques. La baguette parisienne ou de campagne, le pain au levain, le pain brioché ou le pain d'épices à peine grillé sont devenus des incontournables avec le foie gras. Aussi, si vous appréciez le mélange sucré-salé, osez le pain aux fruits secs, très légèrement toasté.

• Pour un apéritif plus léger, vous pouvez également remplacer le pain par du radis noir coupé en lamelles, des tranches de céleri-rave à peine blanchies, des quartiers de pomme verte, etc.

• Le foie gras peut être simplement disposé sur un plat agrémenté de petits dés de gelée, d'une compote de fruits secs, de confiture de cerises noires d'Itxassou, de différents chutneys (mangues, oignons, tomates vertes, échalotes, etc.), de figues fraîches, de groseilles, de poires, de grains de raisin blanc, etc. Laissez parler votre imagination !

Quelques suggestions d'accompagnements

Gelée de monbazillac

• Dans une casserole, porter à frémissement 50 cl de monbazillac.

• Retirer du feu et délayer 1 cuil. à café d'agar-agar.

• Verser le tout dans un plat rectangulaire et réserver au frais.

• Le temps de la prise, c'est prêt !

• Cette gelée peut se conserver 3 à 4 jours au réfrigérateur.

Chutney d'oignons

• Éplucher et émincer 500 g d'oignons.

• Faire chauffer une poêle avec 3 à 4 cuil. à soupe d'huile d'olive.

• Dès que la poêle est chaude, y faire revenir les oignons à feu vif, sans qu'ils accrochent (dans le cas contraire, ajouter 1 cuil. à soupe d'eau).

• Quand les oignons sont transparents, les déglacer avec 3 cuil. à soupe de vinaigre balsamique.

• Baisser le feu et ajouter 1 cuil. à café de sucre en poudre. Laisser mijoter encore 15 min.

• Laisser refroidir et servir avec un foie gras mi-cuit. Un délice !

• Ce chutney peut se conserver 1 semaine au réfrigérateur.

Sauce Périgueux

• Hacher 2 ou 3 échalotes et les faire blondir dans une casserole avec un peu de graisse de canard.

• Verser ensuite 1 verre de bergerac blanc sec et faire flamber pour en enlever l'alcool.

• Dans une autre casserole, faire fondre un peu de graisse d'oie, y faire roussir quelques fines tranches d'oignons et y verser 1 cuil. à soupe de farine, pour ainsi obtenir un roux.

• Verser ensuite cette sauce au vin blanc en ajoutant au dernier moment des pelures de truffe.

• Saler et poivrer.

• Cette sauce peut se conserver 3 jours au réfrigérateur.

Quel vin servir ?

Même si l'accord classique « foie gras – vin moelleux ou liquoreux » reste un incontournable, le foie gras s'accorde harmonieusement avec de nombreuses appellations.

• Les vins moelleux ou liquoreux comme le sauternes le magnifient, mais aussi d'autres vins comme ceux du Sud-Ouest (jurançon, monbazillac, pacherenc, côtes de Bergerac moelleux, loupiac, etc.) ou encore un coteaux du Layon, un montlouis-sur-loire demi-sec ou moelleux, un gewurztraminer vendanges tardives, un pinot gris d'Alsace, un muscat du Cap Corse, etc.

Pour un foie gras mi-cuit servi sur des toasts, on peut aussi choisir un vin blanc sec mais gras comme un condrieu (ou autre vin de cépage viognier) ou un meursault.

• Un vin rouge puissant permettra de révéler les subtiles saveurs d'un foie gras poêlé : margaux, pauillac, pomerol… et même les tanniques madiran et cahors ou encore un porto vintage rouge.

• Le champagne a également ses inconditionnels pour accompagner le foie gras. Tout est question de goût.

Ce qui importe est avant tout de choisir des vins comportant une certaine complexité et un bouquet évolué. Les vins trop légers, trop acides ou trop jeunes sont à proscrire car ils contrarient l'épanouissement des parfums du foie gras.

Goûteux, moelleux, savoureux aussi bien cru, mi-cuit, cuit ou entier, associé à du salé, du sucré, du doux ou de l'acidulé, le foie gras se décline sous toutes ses formes sur les tables de fête et même de tous les jours... En terrine, en carpaccio, poêlé, poché, accompagné de multiples saveurs dont toutes celles du Périgord… vous saurez apprécier ce mets de choix tel que les vingt chefs du Périgord conviés dans ce livre vous proposent de le sublimer. Qu'ils en soient ici chaleureusement remerciés.

SALADE TIÈDE DE LENTILLES DU PUY, FOIE GRAS POCHÉ AU VIN ROUGE DE BERGERAC

[Entrée/Plat]

Pour 4 personnes

Pour le foie gras
- 1 foie gras de canard cru de 500 g, bien souple et bien régulier
- 1 litre de vin rouge de Bergerac
- 1 bonne pincée de mélange 5-épices
- Gros sel

Pour les lentilles
- 25 g de graisse de canard
- 125 g de lentilles vertes du Puy
- 1 belle échalote
- 75 cl de bouillon de volaille

Pour la vinaigrette au balsamique
- 1 cuil. à soupe de vinaigre balsamique
- 4 cl d'huile de tournesol
- Sel fin, poivre du moulin

Le foie gras

- Faites bouillir le vin rouge avec le 5-épices. Salez (avec du gros sel) à votre goût, et faites flamber : grattez une allumette et laissez l'alcool s'évaporer.
- Mettez le foie gras dans le vin rouge et laissez pocher pendant 20 min à petit bouillon. Le foie gras remontera à la surface.
- À l'aide d'une écumoire lisse, sortez le foie gras du bouillon et filmez-le bien serré pour qu'il garde sa forme. Laissez refroidir et réservez au réfrigérateur.

Les lentilles

- Rincez les lentilles et mettez-les dans une casserole d'eau froide. Faites chauffer sur feu vif. Dès l'ébullition, égouttez-les et rincez-les sous l'eau froide.
- Faites fondre la graisse de canard dans une casserole. Faites-y suer les lentilles égouttées, comme un risotto, dans la graisse. Versez dessus le bouillon de volaille chaud, petit à petit, tout en remuant jusqu'à ce que les lentilles soient cuites (environ 15 min).
- Ciselez l'échalote et ajoutez-la aux lentilles.

La vinaigrette au balsamique

- Faites dissoudre un peu de sel dans le vinaigre balsamique, ajoutez du poivre et l'huile de tournesol.

Le dressage

- Tranchez le foie gras poché en médaillons. Déposez 2 ou 3 médaillons par assiette. Présentez les lentilles à part, dans des petits bols, et servez sans attendre.

•••

...

IDÉE GOURMANDE

- Pour utiliser le vin rouge dans lequel le foie gras a été poché, préparez une gelée de vin rouge : mélangez le vin qui reste avec un peu de gélatine (la proportion est de 80 g de gélatine pour 1 litre de liquide) et versez dans des empreintes en silicone, puis laissez prendre. Présentez un peu de gelée dans chaque assiette.

BON À SAVOIR

- Pour une présentation plus recherchée, vous pouvez faire des petites barquettes en feuilles de brick : huilez 1 feuille de brick des deux côtés, coupez-la en quatre. Placez chaque morceau de brick dans un moule ou un ramequin et laissez sécher 2 à 3 min au four à 180 °C (th. 6). Remplissez ces barquettes de lentilles tièdes et servez immédiatement. Si vous attendez trop, vous perdrez le croustillant de la feuille de brick.

ESCALOPES DE FOIE GRAS AUX FRUITS DE SAISON

[Entrée/Plat]

Pour 4 personnes

Pour le foie gras
- 1 foie gras de canard cru de 400 à 500 g
- Sel fin, poivre du moulin

Pour les fruits
- 400 g d'abricots
- 200 g de fraises du Périgord bien parfumées
- 50 cl de fond de canard
- 5 cl de calvados
- 5 cl de verjus

Le foie gras

- Découpez le foie en escalopes, salez et poivrez.
- Dans une poêle bien chaude sans matière grasse, faites saisir les escalopes de foie gras à feu vif 2 min de chaque côté, baissez le feu et continuez la cuisson 2 à 3 min. Débarrassez-les sur du papier absorbant.

Les fruits de saison

- Passez les fraises sous l'eau avant de les équeuter, puis coupez-les en deux ou en quatre, selon leur taille. Lavez les abricots et séparez les deux oreillons. Faites sauter les fruits légèrement dans une poêle sans matière grasse, puis versez le calvados et faites flamber. Ajoutez le fond de canard et le verjus, et laissez réduire quelques minutes.

Le dressage

- Disposez les escalopes de foie gras poêlées et les fruits dans des cocottes individuelles, puis nappez avec la sauce.

DIM SUM DE FOIE GRAS ET QUEUE DE BŒUF CUIT DOUCEMENT À LA VAPEUR

[Plat]

Pour 6 personnes

Pour la queue de bœuf
- 1 queue de bœuf (1,2 kg)
- 20 feuilles de pâte à dim sum (won-ton ou raviolis chinois)
- 1 carotte
- 1 oignon
- 1 poireau
- 1 gousse d'ail
- 1 bouquet garni
- 2 cuil. à soupe d'huile d'olive
- 1 cuil. à café de poivre noir en grains
- Sel fin

Pour le foie gras
- 1 foie gras de canard cru d'environ 500 g
- 1 pak-choi (ou chou vert)
- 1 cuil. à café de sucre vanillé
- 2 g de poivre 5-baies
- 5 g de sel fin

Pour la sauce
- 50 cl de bouillon de queue de bœuf
- 50 cl de sauce soja
- 1 cuil. à soupe bien pleine de coriandre fraîche hachée
- 1 cuil. à café de gingembre frais râpé
- 1 tige de citronnelle

Pour la déco
- 12 brins de ciboulette
- 2 cl d'huile de noix du Périgord

- Coupez la carotte et le poireau en rondelles épaisses, émincez l'oignon et l'ail en petits dés, écrasez l'ail et faites revenir le tout dans une casserole avec l'huile d'olive. Ajoutez la queue de bœuf entière, le bouquet garni, le poivre en grains et mouillez à hauteur.
- Laissez cuire lentement pendant 3 à 4 h.
- Faites blanchir les feuilles de pak-choi pendant 5 secondes dans un grand volume d'eau bouillante. Puis, faites-les refroidir dans de l'eau glacée.
- Déveinez le foie gras et assaisonnez-le avec le sucre vanillé, le sel et le poivre 5-baies moulu.
- Étalez du film alimentaire et disposez les feuilles de pak-choi dessus. Déposez le foie gras afin de faire des petits rouleaux de 3 cm de diamètre. Fermez-les bien serrés avec le film alimentaire. Gardez au réfrigérateur pendant 2 h.
- Sortez la queue de bœuf de la casserole et effilochez-la le plus finement possible, assaisonnez de sel et de poivre.
- Récupérez le bouillon de la queue de bœuf et filtrez-le dans un torchon propre ou un chinois puis faites-le réduire dans une casserole pendant 20 min. Ajouter la sauce soja, la coriandre hachée, le gingembre râpé, et la citronnelle écrasée.
- Sortez les rouleaux de pak-choi et foie gras du réfrigérateur et enlevez le film.
- Étalez la queue de bœuf sur du film alimentaire puis posez les rouleaux de pak-choi et foie gras dessus. Formez un rouleau d'environ 10 cm de diamètre. Gardez au réfrigérateur pendant 1 h.
- Sortez le rouleau du réfrigérateur et découpez-le en rondelles de 2,5 cm d'épaisseur.
- Recouvrez les rondelles avec la pâte pour dim sum et faites cuire à la vapeur pendant 10 min.
- Versez le bouillon filtré dans le fond des assiettes et ajoutez les dim sum. Pour une présentation plus élégante, vous pouvez les couper en deux.
- Décorez de ciboulette hachée et d'un peu d'huile de noix.

BONBON DE FOIE GRAS DU PÉRIGORD AU CACAO DU VENEZUELA

[Entrée]

Pour 5 personnes

Pour le bonbon de foie gras
- 1 foie gras cru de 400 g
- 150 g de chocolat noir à 65 % de cacao
- 5 g de cacao en poudre
- 2 cuil. à café (2 g) de sucre vanillé
- 1 cuil. à soupe de porto
- 3 g de poivre 5-baies
- 1/2 cuil. à café de piment d'Espelette
- 6 g de sel fin

Pour le caramel aux épices
- 50 g de sucre en poudre
- 10 cl de vinaigre de vin vieux
- 10 cl de jus de citron
- 1/2 cuil. à soupe de poivre 5-baies

Pour la purée de coing
- 1 coing (environ 250 g)
- 25 g de sucre cassonade

Pour l'espuma
- 1/2 tasse à café de jus de fruit de la passion
- 1/2 tasse à café de jus d'orange
- 1/2 cuil. à café de lécithine de soja

Pour le dressage
- 10 à 15 pousses d'épinard
- 5 fines tranches de pain d'épices

LA VEILLE

Le bonbon de foie gras

- Sortez le foie gras cru du réfrigérateur et déveinez-le. Assaisonnez avec le sel, le mélange de poivres, le cacao et le sucre vanillé.
- Arrosez-le avec la cuillerée à soupe de porto.
- Coupez le foie gras assaisonné en 5 portions égales et placez-les dans 5 demi-sphères en silicone (Ø 10 cm) que vous filmerez deux fois pour les rendre bien hermétiques.
- Sur le feu, préparez un grand bain-marie et faites cuire les demi-sphères de foie gras pendant 15 min à 70 °C (la température est importante, vérifiez-la à l'aide d'un thermomètre de cuisson). Faites refroidir les empreintes en silicone dans de l'eau glacée puis maintenez-les au réfrigérateur pendant 24 h.

LE JOUR MÊME

- Démoulez les 5 demi-sphères de foie gras et posez-les sur une grille (côté bombé vers le haut).
- Faites fondre le chocolat noir avec le piment d'Espelette et versez-le sur chaque demi-sphère de foie gras pour bien les napper de chocolat.

Le caramel aux épices

- Mélangez le vinaigre de vin et le jus de citron avec le sucre et les épices ; faites bouillir et laissez réduire pour avoir une consistance de caramel liquide. Laissez refroidir.

La purée de coing

- Pelez le coing et faites-le cuire à la casserole avec le sucre cassonade et un peu d'eau. Quand le coing est cuit (il doit avoir la consistance d'une pomme de terre cuite), mixez et mettez dans une poche à douille qui vous servira pour le décor.

•••

…

L'espuma

◆ Mélangez le jus d'orange, le jus de fruit de la passion et la lécithine de soja. Mixez 1 min pour recueillir l'écume qui s'est formée.

Le dressage

◆ Faites griller les fines tranches de pain d'épices. Déposez sur chacune 1 demi-sphère de foie gras.

◆ Placez dans les assiettes et décorez à votre goût avec les pousses d'épinard légèrement huilées pour le brillant, le caramel aux épices, la purée de coing et l'espuma.

erie
ontaigne

TARTARE D'ONGLET DE BŒUF ET FOIE GRAS MARINÉ

[Plat]

Pour 4 personnes

Pour le foie gras
- 200 g de foie gras cru
- Fleur de sel, poivre du moulin

Pour l'onglet de bœuf
- 500 g d'onglet de bœuf
- 40 g d'échalote
- 3 cuil. à soupe d'huile d'olive
- 1 cuil. à soupe de vinaigre de xérès
- Fleur de sel, poivre du moulin

Pour la garniture
- 50 g de radis noir
- 50 g de betterave crue
- 10 g de graines de courge
- 30 g de beurre de cacahuète
- 30 g de cacahuètes hachées
- 5 g de raifort râpé

Le foie gras mariné

- Taillez le foie gras en lamelles, assaisonnez de fleur de sel et de poivre, réservez.

La garniture

- Taillez le radis noir et la betterave en bâtonnets. Mélangez-les avec les graines de courge et les cacahuètes hachées.

L'onglet de bœuf

- Taillez le bœuf au couteau en cubes d'environ 1 cm de côté. Assaisonnez-les : sel, poivre, huile d'olive, vinaigre de xérès, raifort, échalote ciselée et beurre de cacahuète.

Le dressage

- Dans chaque assiette, placez une lamelle de foie gras, puis des dés de bœuf, à nouveau une lamelle de foie gras et des dés de bœuf, puis terminez par une lamelle de foie gras. Placez les bâtonnets de radis noir et de betterave assaisonnés sur le côté.
- Servez sans attendre.

VARIANTE

- Vous pouvez remplacer les cacahuètes et le beurre de cacahuète par 50 g de brisures de truffe.
- Autre dressage possible : dans 4 emporte-pièce ou cercles en métal, disposez les lamelles de foie gras, puis les dés de bœuf et enfin les bâtonnets de radis noir et betterave assaisonnés.

FOIE GRAS POCHÉ DANS UN BOUILLON DE SAISON

[Plat]

Pour 4 personnes

Pour le foie gras poché
- 8 escalopes de foie gras cru, de 60 à 70 g chacune
- 50 cl de bouillon de poule
- Fleur de sel, poivre du moulin

Pour le bouillon de saison
- 100 g de légumes au choix :
  - au printemps : carottes nouvelles, navets, asperges, pommes de terre nouvelles
  - à l'automne : radis, navets boule d'or, carottes, choux de Bruxelles, betteraves, châtaignes
- Gros sel

Pour le dressage
- 50 g de cerneaux de noix
- Fleur de sel, poivre du moulin

Le bouillon

- Épluchez et taillez les légumes en cubes.
- Faites-les cuire séparément dans de l'eau bouillante salée au gros sel jusqu'à ce qu'ils soient al dente, c'est-à-dire légèrement croquants. Au fur et à mesure qu'ils sont cuits, passez-les sous l'eau froide pour arrêter leur cuisson. Réservez.
- Préchauffez le four à 160 °C (th. 5-6).
- Concassez les noix et faites-les griller au four pendant environ 5 min.

Le foie gras poché

- Dans une casserole, portez le bouillon de poule à frémissement.
- Pendant ce temps, faites colorer les escalopes de foie gras à sec dans une poêle très chaude sur les 2 faces. Assaisonnez-les de fleur de sel et de poivre, puis pochez-les dans le bouillon de poule frémissant pendant 3 à 5 min selon la cuisson souhaitée.

Le dressage

- Juste avant de servir, réchauffez les légumes en les plongeant dans le bouillon pour environ 2 min. Disposez-les au fond de 4 assiettes creuses, déposez 2 escalopes de foie gras par assiette, arrosez de bouillon chaud puis parsemez des noix grillées. Enfin, assaisonnez de fleur de sel et de poivre du moulin.

Marie Rougier Salvat, chef à La Tour des Vents (recette de Damien Fagette)

FOIE GRAS DE CANARD MARBRÉ AU POIVRE NOIR, POMMES CONFITES AU GINGEMBRE

[Entrée]

Pour 12 personnes

Pour le foie marbré
- 1 kg de foie gras de canard cru
- 9 g de sel fin
- 6 g de poivre noir de Sarawak moulu fin

Pour les pommes confites au gingembre
- 1 kg de pommes belchard chantecler (un peu acides)
- 50 g de gingembre frais
- Environ 6 g d'agar-agar (6 g par kg)

Pour les chips de pomme
- 1 pomme belchard chantecler
- 200 g de sucre (pour le sirop) ou 20 cl de sirop de sucre du commerce

Pour le coulis
- 20 cl de coulis de mangue
- 1 citron vert (jus)
- 1 pointe de couteau de cumin en poudre

Pour le dressage
- 2 blancs d'œufs battus
- 4 tranches de pain d'épices (pour la chapelure)

48 H AVANT

- Préchauffez le four à 80 °C (th. 2-3).
- Déveinez le foie gras, salez-le, poivrez-le. Posez le foie ouvert sur une plaque de cuisson. Enfournez pour 15 min.
- À la sortie du four, égouttez le foie et mettez-le dans un moule à cake en le pressant avec un poids.
- Placez-le au réfrigérateur pendant 2 jours.

QUELQUES HEURES AVANT

- Préparez la chapelure de pain d'épices : préchauffez le four à 150 °C (th. 5). Mettez les 4 tranches de pain d'épices sur une plaque recouverte de papier sulfurisé et laissez sécher au four, puis passez-les au mixeur pour les réduire en miettes.
- Sortez le foie gras du réfrigérateur. Mettez de côté 24 petits cubes de foie gras (pour la déco). À l'aide d'une cuillère, remplissez 12 empreintes demi-sphères en silicone (Ø 4 cm) avec le reste de foie gras et entreposez à nouveau au réfrigérateur.

Les pommes confites

- Épluchez les pommes et coupez-les en morceaux. Mettez-les dans une casserole avec le gingembre pelé râpé, et faites compoter sur feu très doux. On doit obtenir une compote pas trop liquide. Pesez cette compote chaude, ajoutez l'agar-agar (comptez 6 g pour 1 kg) et poursuivez la cuisson encore 10 min, quitte à augmenter le feu. La compote est prête quand elle commence à attacher dans la casserole.
- Gardez l'équivalent de 10 cuil. à café bombées de compote (pour la déco) et versez le reste dans 12 autres empreintes demi-sphères en silicone (Ø 4 cm). Placez au réfrigérateur pour 2 à 3 h.

•••

...

Les chips de pomme

- Préchauffez le four à 100 °C (th. 3-4).
- Préparez un sirop en faisant fondre 200 g de sucre dans 20 cl d'eau. Laissez refroidir.
- Découpez la pomme à la mandoline en tranches très fines (maximum 0,5 mm d'épaisseur). Plongez très délicatement les rondelles obtenues dans le sirop froid, disposez-les sur une grille et faites-les sécher au four pendant 1 h 30. Si votre four est à chaleur tournante, coupez la ventilation car les tranches de pomme séchée risqueraient de s'envoler.

Le coulis de mangue

- Mélangez le coulis de mangue avec du jus de citron vert (à votre convenance) et 1 pointe de cumin en poudre.

Le dressage

- Assemblez deux par deux les demi-sphères (foie gras et pommes confites), badigeonnez les boules obtenues avec du blanc d'œuf battu puis roulez-les dans la chapelure de pain d'épices.
- Dressez 1 sphère complète par assiette. Disposez 2 cubes de foie gras de chaque côté et 1 mini-quenelle de compotée de pommes. Disposez joliment 1 cuil. à soupe de coulis de mangue. Décorez avec 1 chips de pomme.

FOIE GRAS DE CANARD POÊLÉ À LA FRAISE DU PÉRIGORD,

FINE GELÉE DE PORTO, TUILE DE PAIN CROUSTILLANTE ET VIEUX VINAIGRE BALSAMIQUE

[Entrée/Plat]

Pour 10 personnes

Pour le foie gras poêlé
- 10 escalopes de foie gras de canard cru, de 60 à 70 g chacune
- Sel, poivre du moulin

Pour la compotée et la gelée de fraise
- 1 kg de fraises bien parfumées
- 1 bouteille de porto (75 cl)
- environ 5 g d'agar-agar (10 g par litre)

Pour les tuiles de pain
- 1 ou 2 pains longs (type grosse baguette épaisse) congelés au préalable : on doit pouvoir faire 10 tranches de 16 cm de long et de 2 mm d'épaisseur
- 10 cl d'huile neutre
- 10 cercles en aluminium (Ø 5 cm et hauteur 4,5 cm)

Pour la réduction de vinaigre balsamique
- 10 cl de vinaigre balsamique

La compotée et la gelée de fraise

- Lavez les fraises, équeutez-les, puis coupez-les en deux. Mettez-les dans un récipient supportant la chaleur, filmez, et faites-les compoter au bain-marie à feu moyen pendant 30 min.
- Égouttez les fraises et récupérez le jus (on obtient environ 50 cl de jus et 500 g de matière). Réservez la compotée.
- Dans une casserole posée sur feu vif, faites réduire le porto de moitié.
- Ensuite, mélangez 3/4 du jus de fraise récupéré avec 1/3 du porto réduit. Faites bouillir le mélange obtenu 1 min avec de l'agar-agar (comptez 10 g d'agar-agar par litre).
- Tapissez de film alimentaire un moule suffisamment grand pour pouvoir ensuite y découper les 10 formes de gelée. Versez le liquide sur une épaisseur de 0,5 cm au maximum. Laissez refroidir puis placez au réfrigérateur 20 min pour que la gelée prenne.

Les tuiles

- Préchauffez le four à 180 °C (th. 6).
- À la trancheuse ou au couteau à pain, découpez le(s) pain(s) à l'horizontale pour obtenir 10 tranches de 16 cm de long et de 2 mm d'épaisseur (astuce : pour faciliter le tranchage, congelez le pain au préalable, sortez-le le jour même et découpez-le lorsqu'il devient un peu mou).
- Huilez les tranches de pain des deux côtés. Disposez chaque tranche de pain à l'extérieur d'un cercle ou emporte-pièce, en veillant à bien l'enrouler autour du cercle. Puis posez chaque « roue de pain » sur une grille, en mettant le côté de la jointure sur la grille. Ainsi, vous obtiendrez des tuiles en forme de cylindres.
- Faites-les sécher au four pendant 7 min. Démoulez les tuiles de pain.

•••

•••

La réduction de vinaigre balsamique

- Versez le vinaigre balsamique dans une casserole et faites-le réduire de moitié. Il aura un aspect un peu sirupeux.

Le foie gras

- Dans une poêle chaude, posée sur feu vif, faites saisir les escalopes 2 à 3 min de chaque côté, selon leur épaisseur. Salez et poivrez.

Le dressage

- Découpez la gelée de fraise de la forme qui vous convient de façon à ce qu'elle soit plus grande que la tuile de pain. Placez de la gelée au centre de chaque assiette.
- Posez 1 tuile de pain sur la gelée.
- Remplissez à moitié la tuile de compotée de fraises.
- Découpez les escalopes de foie gras en 2 ou 3 morceaux et posez-les sur la gelée (à l'intérieur de la tuile cylindrique), en faisant dépasser un peu le foie gras.
- Décorez l'assiette de quelques gouttes de réduction de vinaigre balsamique et servez aussitôt.

LE CONSEIL DU CHEF

- Si vous avez des difficultés à réaliser une tuile de pain cylindrique, vous pouvez utiliser des tranches de pain de campagne (ou tout autre pain que vous aurez huilé et séché au four) sous forme de bruschetta. La superposition des ingrédients dans l'assiette est la même : gelée, bruschetta, compotée de fraises et foie gras.

LE PARMENTIER DE CANARD « AU CUL » DE MA GRAND-MÈRE

[Plat]

Pour 4 personnes

Pour la garniture canard-cèpes
- 3 cuisses de canard gras
- 100 g de chutes ou entames de terrine de foie gras de canard mi-cuit (le « cul » de la terrine, comme disait ma grand-mère)
- 300 g de cèpes (environ)
- 2 échalotes
- 2 gousses d'ail
- 1 bouquet de persil plat
- Sel, poivre du moulin

Pour la purée de pommes de terre
- 800 g de pommes de terre
- 200 g de beurre salé
- 50 cl de crème fraîche
- 1 pincée de noix muscade râpée
- Sel, poivre du moulin

La purée de pommes de terre

- Épluchez les pommes de terre et mettez-les dans une casserole, recouvrez d'eau froide, salez et faites cuire 20 min à partir de l'ébullition. Égouttez-les puis écrasez-les à la fourchette avec le beurre, la noix muscade et la crème. Ajoutez 1 pincée de sel et 1 tour de moulin à poivre.

La garniture canard-cèpes

- Nettoyez soigneusement les cèpes avec un torchon humide. Réservez. Hachez le persil au couteau. Réservez.
- Préchauffez le four à 180 °C (th. 6)
- Dégraissez les cuisses de canard dans une poêle chaude puis enlevez la peau. Effilochez grossièrement la viande.
- Dans la même poêle, faites suer les échalotes émincées, les cèpes émincés et les chutes de foie gras. Quand les cèpes sont cuits mais pas fondants, ajoutez le canard effiloché et le persil haché. Assaisonnez à votre convenance.
- Frottez d'ail épluché 4 petites marmites. Répartissez-y le canard émietté puis recouvrez de purée.
- Réchauffez 15 min au four et servez avec une petite salade verte.

ESCALOPES DE FOIE GRAS POÊLÉES AUX POMMES

[Plat]

Pour 4 personnes

Pour le foie gras poêlé
- 1 foie gras de canard cru non déveiné de 560 g
- Sel, poivre du moulin

Pour les pommes poêlées
- 2 pommes (golden ou Pink Lady)
- 20 g de beurre
- 50 g de sucre en poudre
- 5 cl de whisky

Pour les pommes de terre sarladaises
- 800 g de pommes de terre (monalisa ou agata)
- 2 gousses d'ail
- 1 oignon
- 6 brins de persil plat
- 6 brins de ciboulette
- 2 cuil. à soupe de graisse de canard
- Huile pour friture
- Sel, poivre du moulin

Pour la décoration
- 8 tranches de pain de campagne
- Quelques tomates cerises et groseilles

Les pommes poêlées

- Épluchez les pommes, ôtez leur trognon et coupez-les en tranches.
- Mélangez le sucre avec 50 cl d'eau. Dans une casserole posée sur feu vif, faites fondre le sucre, puis ajoutez le beurre et faites caraméliser les tranches de pomme dans ce mélange sirupeux.
- Une fois les pommes caramélisées, versez le whisky et flambez. Ajoutez 5 cl d'eau et laissez les pommes cuire à feu doux en les tournant très délicatement de temps en temps.

Les pommes de terre sarladaises

- Épluchez l'ail et l'oignon. Hachez-les. Réservez.
- Épluchez et tranchez les pommes de terre en lamelles de 3 à 5 mm puis rincez-les pour en ôter l'amidon et plongez-les 2 min dans une friteuse à 140 °C pour les précuire.
- Une fois les pommes de terre précuites, égouttez-les et faites-les sauter dans une poêle avec la graisse de canard, l'ail et l'oignon hachés, du sel, du poivre. En fin de cuisson, ciselez le persil et la ciboulette et parsemez-en les pommes de terre.

Le foie gras poêlé

- Dans le foie gras non déveiné, taillez 8 tranches de foie gras de 70 g.
- Dans une poêle chaude posée sur feu vif, faites saisir les escalopes 2 à 3 min de chaque côté, puis baissez le feu et continuez la cuisson environ 2 à 3 min selon leur épaisseur. Salez et poivrez.

Le dressage

- Faites toaster les tranches de pain de campagne.
- Placez 1 escalope de foie gras sur chaque toast, puis mettez 2 toasts de foie gras sur chaque assiette. À côté, disposez les pommes poêlées, les pommes de terre sarladaises et quelques tomates cerises et groseilles pour la décoration.

•••

• Dans le même sirop, faites cuire les parures de pomme pendant environ 30 min, égouttez-les et mixez pour réaliser une compote. Si besoin, ajoutez un peu de sirop.

Le dressage

• Découpez le foie gras en cubes de 2 cm de côté. Déposez 1 bille de pomme sur chaque cube de foie gras. Disposez dans une assiette et agrémentez de compote de pommes.

LE CONSEIL DU CHEF

• Vous pouvez accompagner cette préparation d'un crumble aux baies de genévrier pour un côté croustillant !

CROMESQUIS DE FOIE GRAS DE CANARD

[Apéritif]

Pour 6 personnes

Pour le foie gras
- 60 g de foie gras de canard mi-cuit en terrine
- 10 cl de crème liquide
- 5 cl de porto
- 1 feuille 1/2 de gélatine (3 g)

Pour la friture
- Huile pour friture

Pour la panure
- 1 œuf battu
- 200 g de chapelure
- 200 g de farine

Le foie gras

- Faites ramollir la gélatine dans de l'eau froide.
- Faites réduire le porto de moitié dans une casserole à feu doux, puis mouillez le porto avec la crème liquide.
- Ajoutez le foie gras en morceaux, puis la gélatine bien essorée. Portez à ébullition.
- Quand tout est bien fondu, passez le mélange au chinois.
- Tapissez l'intérieur d'un plat de film alimentaire, versez-y la préparation de façon à obtenir une hauteur de 1 cm. Laissez refroidir et faites durcir au congélateur environ 1 h.

La panure

- Coupez ensuite le foie gras durci en cubes de 1 cm de côté et panez-les à l'anglaise en respectant l'ordre suivant : farine puis œuf battu puis chapelure, deux fois.

La friture

- Faites frire les cromesquis dans un bain de friture à 180 °C entre 10 et 15 secondes.

LE CONSEIL DU CHEF

- À déguster à l'apéritif en une seule bouchée car l'intérieur est très coulant !

FILETS DE ROUGETS ET FOIE GRAS DE CANARD POÊLÉS, MAÏS-COCO

[Plat]

Pour 6 personnes

Pour le foie gras
- 1 foie gras de canard extra souple d'environ 450 g
- 1 cuil. à café de vinaigre de framboise
- Sel, poivre du moulin

Pour les filets de rouget
- 12 filets de rougets (préparés par votre poissonnier)
- 1 cuil. à soupe d'huile d'olive

Pour la sauce maïs-coco
- 600 g de maïs bio en boîte ou frais
- 6 baby maïs
- 50 cl de lait de coco
- 1 cuil. à soupe de maïs à pop-corn
- 1 cuil. à soupe d'huile de tournesol

Pour le dressage
- Quelques feuilles de shiso (ou de mâche ou de roquette)

La sauce maïs-coco

- Lavez les feuilles de shiso (ou la mâche, ou la roquette) et réservez
- Égouttez le maïs (si vous l'avez choisi en boîte) et faites-le cuire dans le lait de coco pendant environ 20 min à frémissement. Puis passez au mixeur et gardez au chaud (dans un bol au bain-marie).
- Portez de l'eau à ébullition et faites-y cuire les baby maïs pendant environ 2 à 3 min. Réservez.
- Faites chauffer l'huile de tournesol dans une casserole. Dès qu'elle est chaude, ajoutez les grains de maïs à pop-corn. Quand le maïs commence à éclater, mettez un couvercle et laissez cuire environ 3 min en remuant la casserole.

Les filets de rouget

- Préchauffez le four à 180 °C (th. 6). Dans une poêle, faites chauffer l'huile d'olive et faites-y cuire les filets de rougets côté peau pendant 3 min afin de les caraméliser. Assaisonnez selon votre goût, retournez-les et terminez la cuisson au four pendant environ 1 min, égouttez-les sur du papier absorbant et réservez.
- Juste avant de servir, réchauffez les filets de rougets au four à 180 °C (th. 6) maximum, sans les laisser sécher (recouvrez d'une feuille d'aluminium si besoin).

Le foie gras poêlé

- Taillez 6 escalopes dans le foie gras de canard, poêlez-les dans une poêle antiadhésive chaude sans matière grasse, faites cuire environ 3 min sur chaque face et versez sur chaque escalope quelques gouttes de vinaigre de framboise afin d'apporter un peu d'acidité au foie gras. Assaisonnez ensuite selon votre goût.

Le dressage

- Dans chaque grande assiette plate chaude, déposez au centre la sauce maïs-coco puis les filets de rougets en les superposant légèrement et surmontez avec la tranche de foie poêlée. Terminez avec le baby maïs et quelques feuilles de shiso (ou de mâche ou de roquette). Autour de l'assiette, disposez un peu de pop-corn.

BOUILLON DE CANARD ET FOIE GRAS DE CANARD AUX HERBES THAÏES SERVIS COMME UN POT-AU-FEU

[Entrée/Plat]

Pour 6 personnes

Pour le foie gras
- 1 lobe de foie gras de canard extra souple d'environ 450 g
- Sel, poivre du moulin

Pour le bouillon
- 2 cuisses de canard
- 4 manchons de canard gras
- 1 carcasse de canard gras
- 10 champignons de Paris ou champignons asiatiques
- 2 oignons
- 4 gousses d'ail
- 3 tiges de citronnelle
- 1 cm de rhizome de gingembre râpé (1 cuil. à café)
- 1 branche de céleri
- 3 ou 4 feuilles de basilic thaï
- 3 ou 4 feuilles de coriandre
- 1 pincée de piment d'Espelette
- 3 cuil. à soupe d'huile olive
- 1 cuil. à café de vinaigre de riz
- Sel, poivre du moulin

Le bouillon de canard

- Émincez les oignons, l'ail, la citronnelle et le céleri.
- Dans une sauteuse, faites revenir dans 2 cuil. à soupe d'huile d'olive bien chaude les cuisses de canard, les manchons et la carcasse jusqu'à ce qu'ils dorent.
- Ajoutez les oignons, l'ail et le céleri émincés. Faites revenir sans coloration puis mouillez avec de l'eau à hauteur. Assaisonnez, ajoutez le piment d'Espelette selon votre goût.
- Portez à ébullition et faites cuire à feu doux pendant 2 h en écumant de temps en temps. Débarrassez les morceaux de viande et filtrez le jus de cuisson.
- Faites sauter les champignons émincés dans 1 cuil. à soupe d'huile d'olive, ajoutez un peu de gingembre râpé, du vinaigre de riz, ajoutez également la viande des cuisses et de la carcasse récupérée du bouillon et laissez réduire.

Le foie gras de canard

- Découpez des escalopes dans le foie, poêlez-les rapidement dans une poêle antiadhésive pendant environ 1 min de chaque côté. Assaisonnez.

Le dressage

- Dans chaque grande assiette creuse, déposez 1 escalope de foie gras, répartissez les champignons et les morceaux de canard, parsemez de feuilles de basilic, de citronnelle et de coriandre ciselées, et versez le bouillon très chaud.

SUGGESTION DE VIN

- Bergerac rouge Château Laulerie 2011, propriété de la Famille Dubard.

BON À SAVOIR

- Les foies de canard extra souples sont choisis et fournis par La Maison Pelegris (Les Farges-Montignac Lascaux).

TOURNEDOS DE CANARD EN CROÛTE DE NOIX FARCI AU FOIE GRAS

[Plat]

Pour 6 personnes

Pour les magrets farcis
- 4 magrets
- 1 lobe de foie gras d'environ 500 g

Pour la croûte de noix
- 100 g de cerneaux de noix concassés
- 100 g de beurre
- 60 g de chapelure
- 50 g de pain de mie (sans bords)

Pour la sauce aux cèpes
- 200 g de cèpes frais essuyés
- 300 g de crème liquide
- 1 cuil. à café d'ail haché
- 1 branche de thym
- 35 cl d'eau
- Sel, poivre du moulin

Pour les pommes de terre sarladaises
- 15 pommes de terre
- 4 branches de persil frisé
- 1 cuil. à soupe d'ail haché
- Sel, poivre du moulin

Les magrets farcis

- Passez les tranches de pain de mie au grille-pain (ou au four à 180 °C, th. 6) pour leur donner une coloration légère.
- Sur une planche, posez les 4 magrets de canard sur le côté peau. Dans la longueur, ouvrez-les au couteau en Y inversé.
- Coupez le lobe de foie gras en deux et travaillez chaque morceau à la main pour le ramollir. Placez chaque 1/2 lobe de foie gras sur 1 magret et travaillez à la main pour bien l'insérer sur la partie grasse du magret (rabattez au maximum les côtés du magret). Recouvrez avec 1 deuxième magret ouvert (côté peau au-dessus) pour recouvrir le tout. Ficelez les magrets à quatre endroits pour que cela fasse des parties égales.

La sauce aux cèpes

- Dans une casserole, mettez les cèpes, l'ail, le thym et 35 cl d'eau, et laissez réduire à feu vif en remuant de temps en temps pour que cela n'accroche pas. Une fois que le mélange est bien épais, ajoutez la crème liquide, assaisonnez et mixez le tout.

La croûte de noix

- Faites ramollir le beurre quelques secondes au micro-ondes à faible puissance. Dans le bol d'un mixeur, mettez la chapelure, la mie de pain toastée et les noix concassées. Mixez quelques instants. Étalez cette pâte entre 2 feuilles de papier sulfurisé, sur une épaisseur de 0,8 cm. Laissez durcir au congélateur quelques minutes.

Les pommes de terre sarladaises

- Pelez les pommes de terre et taillez-les en lamelles d'environ 2 mm d'épaisseur. Plongez-les dans un bain de friture à 180 °C pendant 5 à 7 min pour une précuisson ; elles doivent être un peu molles. Puis faites-les sauter dans une poêle avec l'ail, le persil, du sel et du poivre.

•••

...

La cuisson des tournedos

- Préchauffez le four à 190 °C (th. 6-7).
- Coupez chaque magret farci en trois et coupez chaque extrémité. Faites chauffer une poêle et déposez-y les tournedos de magret. Laissez cuire 4 min de chaque côté, puis découpez la croûte de noix de façon à couvrir toute la surface du magret. Posez la croûte sur le magret et enfournez pour 6 min de cuisson.

Le dressage

- Remplissez un ramequin avec 1/6 des pommes de terre sarladaises. Retournez-le au centre d'une assiette (pour éviter le démoulage, vous pouvez utiliser un cercle en inox). Posez dessus, à cheval ou à côté dans une poêle individuelle, 1 tournedos de canard et entourez de sauce aux cèpes. Renouvelez l'opération pour les autres assiettes.

DÉCLINAISON DE FOIE GRAS

[Entrée]

Pour 6 personnes

Pour la terrine
- 400 g de foie gras cru déveiné
- 1 cuil. à soupe de miel
- 2 cuil. à soupe de cognac ou de vin blanc moelleux
- Sel, poivre du moulin

Pour le chutney
- 500 g d'oignons rouges
- 120 g de sucre en poudre
- 50 cl de vin rouge
- 10 g de noix concassées

Pour les sucettes de foie gras
- 150 g de foie gras cru
- 10 g de cacao amer en poudre
- 20 g d'amandes ou de noisettes concassées
- Sel, poivre du moulin

Pour la panure
- 2 œufs
- 50 g de farine
- Graines de pavot

Pour le dressage
- 12 tranches de pain d'épices
- 6 physalis ou tomates cerises en grappes (facultatif)
- Sel, poivre du moulin

La terrine

- Déposez le foie gras déveiné dans un plat creux et versez dessus le miel, le cognac, 2 pincées de sel et 1 belle pincée de poivre. Mélangez le tout puis laissez reposer 15 min. Enfin, disposez le tout dans une terrine.
- Faites préchauffer le four à 300 °C (th. 10).
- Préparez un bain-marie (un plat rempli d'eau aux 3/4) et mettez-le sur feu très vif jusqu'à ébullition. Une fois à ébullition, retirez du feu, mettez la terrine dans le bain-marie, couvrez-la d'un papier aluminium et enfournez pour environ 8 à 10 min.
- Pour savoir si la terrine est cuite, insérez un couteau au centre de la terrine 5 secondes et posez la lame sur le dessus de votre main : si c'est tiède, vous pouvez enlever la terrine du four tout en la laissant dans le bain-marie pendant 30 min. Laissez refroidir. Placez ensuite au réfrigérateur pour 24 h (ou au congélateur pendant 5 h).

Le chutney d'oignons rouges et noix

- Pendant que la terrine cuit, mettez les oignons rouges émincés, le vin et le sucre dans une casserole sur feu vif. Laissez réduire jusqu'à caramélisation (il ne doit plus rester de liquide dans la casserole). Ajoutez ensuite les noix tout en remuant.

Les sucettes de foie gras

- Mixez les 150 g de foie gras ou hachez-les finement au couteau et mettez-les dans un récipient pour assaisonner.
- Ajoutez le cacao amer, les amandes ou noisettes concassées, du poivre du moulin. Mélangez le tout et formez des boules que vous piquerez avec un cure-dent et disposez au réfrigérateur pour 1 h.

La préparation avant le dressage

- Démoulez la terrine et taillez-la en 6 avec un couteau fin et mouillé à l'eau chaude pour faire de belles tranches.

•••

•••

- Disposez les tranches sur une planche et, à l'aide d'un emporte-pièce rond, enlevez la partie centrale de chaque tranche. Réservez les tranches « trouées ».
- Préparez la panure : cassez les œufs dans une assiette et fouettez-les ; dans une autre assiette, versez la farine et dans une troisième les graines de pavot. Passez chaque bouchée de terrine dans la farine recto-verso puis tapotez pour enlever l'excédent. Passez ensuite les bouchées dans les œufs battus puis dans les graines de pavot.
- Faites chauffer une poêle sur feu vif puis placez-y les bouchées de foie gras panées, sans matière grasse. Baissez ensuite le feu au minimum et laissez cuire environ 3 min de chaque côté. Déposez-les sur du papier absorbant.
- Préchauffez le four à 170 °C (th. 5-6). Lavez les tomates cerises et passez-les au four 6 min.

Le dressage

- Avec le même emporte-pièce rond que celui utilisé pour le foie gras, coupez 1 rond dans chaque tranche de pain d'épices.
- Disposez au centre de chaque assiette 1 tranche de foie gras « trouée », puis insérez 2 ronds de pain d'épices au centre de la terrine, en les superposant. Par-dessus, posez 1 rond de foie gras pané et 1 sucette de foie gras.
- Disposez des petits amas de chutney un peu partout dans les assiettes et placez les physalis ou les tomates cerises (facultatif).

CROUSTILLANT DE MAGRET AU BASILIC ET FOIE GRAS, SORBET TOMATE ET PIMENT D'ESPELETTE

[Plat]

Pour 6 personnes

- 4 magrets de canard
- 120 g de foie gras cru
- 8 feuilles de brick
- 200 g de basilic frais
- 5 cl d'huile d'olive
- Sel, poivre du moulin

- Ôtez toute la peau des magrets.
- Effeuillez les bricks et faites deux piles constituées de 4 feuilles de brick. Disposez 1 magret sur l'une des piles de feuilles de brick. Salez et poivrez. Recouvrez-le avec la moitié du basilic et mettez 60 g de foie gras sur le basilic. Recouvrez avec 1 second magret « tête bêche » puis roulez l'ensemble en serrant convenablement, comme pour un rôti (les feuilles de brick servant de barde), et ficelez-le au milieu. Renouvelez l'opération pour le second rôti.
- Faites rissoler ces 2 rôtis à l'huile d'olive jusqu'à ce que les feuilles de brick soient bien dorées. Débarrassez.
- Une fois les rôtis refroidis, coupez très légèrement leurs extrémités, puis enlevez la ficelle et formez des tournedos en coupant chaque rôti en 3 portions égales.
- Juste avant de servir, poêlez ces tournedos aller-retour, environ 1 min de chaque côté.

BON À SAVOIR

- Vous pouvez accompagner ces croustillants d'un sorbet à la tomate et au piment d'Espelette, de chips de vieux cantal et d'une réduction de vinaigre balsamique aux figues et aux épices.

SUGGESTION DE VIN

- Bergerac rouge Clos des Verdots ou rosette Château Combrillac.

TATINS DE FOIE GRAS POÊLÉ AUX POMMES ET POIRES, CARAMEL DE FIGUES,

SORBET AU MUSCAT DE BEAUMES-DE-VENISE

[Entrée/Plat]

Pour 6 personnes

Pour le foie gras
- 600 g de foie gras cru de canard ou d'oie
- Sel, poivre du moulin

Pour les tatins
- 10 pommes gala ou chanteclerc
- 8 poires williams fraîches
- 6 cuil. à soupe de chutney de figues
- 2 pâtes feuilletées pur beurre prêtes à dérouler
- 10 g de beurre
- Caramel liquide
- Sel, poivre du moulin

Pour la vinaigrette balsamique-noix
- 1 cuil. à soupe de vinaigre balsamique
- 3 cuil. à soupe d'huile de noix
- Sel, poivre du moulin

Pour le dressage
- 6 petites poignées de mesclun
- 6 cuil. à café de pignons de pin (facultatif)

- Préchauffez le four à 180 °C (th. 6).
- Épluchez et coupez les pommes et les poires en 8 quartiers. Poêlez-les 2 min dans le beurre pour les colorer, salez, poivrez.
- Découpez 6 ronds de pâte feuilletée de 5 à 6 cm de diamètre et piquez-les à l'aide d'une fourchette, en transperçant la pâte.

Les tatins
- Déposez 1 larme de caramel liquide au fond de 6 moules à tarte ou ramequins de 5 à 6 cm de diamètre. Rangez délicatement les fruits. Ajoutez 1 cuil. à soupe de chutney de figues par tatin. Recouvrez d'un rond de pâte feuilletée piquée.
- Faites cuire les tatins pendant 10 min. Puis démoulez-les.

Le foie gras et le mesclun
- Coupez le foie gras en escalopes de 1 à 1,5 cm d'épaisseur et faites-les poêler rapidement des deux côtés, assaisonnez.
- Dans une poêle, faites griller à sec les pignons (facultatif). Réservez.
- Dans un saladier, préparez la vinaigrette et ajoutez le mesclun.

Le dressage
- Disposez les tatins sur des assiettes de service et déposez le foie gras poêlé dessus. À part, ajoutez un peu de mesclun et quelques pignons de pin grillés (facultatif).

IDÉE GOURMANDE

- Accompagnez chaque tatin d'une quenelle de sorbet au muscat de Beaumes-de-Venise, ou au citron vert pour l'acidité.

SUGGESTION DE VIN

- Bergerac blanc Château Combrillac « L'Inédit » ou bergerac rouge Château Marie Plaisance « Le Brin de Plaisance ».

CARPACCIO DE FOIE GRAS ET HOMARD AUX ASPERGES ET HERBES FINES

[Entrée]

Pour 6 personnes

- 1 lobe de foie gras cru de canard ou d'oie d'environ 500 g
- 6 homards crus décortiqués
- 36 mini-asperges
- 18 haricots verts extra-fins
- 1 mini-courgette jaune
- 1 mini-courgette verte
- 6 mini-carottes noires
- 6 tomates cerises
- 3 radis
- 1/2 citron vert
- 10 g de gingembre frais
- 1 cébette
- Quelques brins de ciboulette
- Quelques feuilles trouvées au jardin (1 brin de mélisse, 1 brin de sarriette, un peu de fleur de thym, du tilleul très tendre, fenouil…)
- 2 cuil. à soupe d'huile d'olive
- Fleur de sel, poivre du moulin

Le carpaccio

- Faites blanchir les haricots verts et les mini-asperges dans de l'eau bouillante salée pendant quelques minutes. Faites-les refroidir dans de l'eau glacée pour les conserver bien croquants. Coupez les têtes d'asperges et gardez les queues émincées pour la vinaigrette.
- Taillez de fines rondelles de courgette et de radis crus. Coupez les tomates en deux.
- Faites cuire les carottes à la vapeur quelques minutes sans les éplucher, et taillez-les en deux dans la longueur.
- Lavez et préparez les feuilles du jardin en petites pluches et la ciboulette en petits bâtonnets. Taillez le foie gras en fines tranches de 1 à 2 mm d'épaisseur et le homard en fines tranches de 3 à 4 mm d'épaisseur.
- Épluchez le gingembre et taillez-le en petits dés. Assaisonnez d'huile d'olive, de sel et de poivre et ajoutez le mélange de queues d'asperges, cébette et le jus d'1/2 citron vert.

Le dressage

- Dressez le carpaccio de foie gras et homard dans les assiettes, en disposant harmonieusement les petits légumes préparés et assaisonnés ainsi que les herbes. Salez et poivrez.

PETITES MERINGUES DE FOIE GRAS AU POIVRE DE TASMANIE,

SORBET AU FRUIT DE LA PASSION ET COULIS DE CERISE

[Dessert]

Pour 6 personnes

- 150 g de foie gras cru
- 2 cuil. à café de cassonade
- 2 cuil. à café de fleur de sel

Pour les meringues

- 100 g de blancs d'œufs
- 180 g de sucre en poudre
- 1 g de poivre de Tasmanie moulu très fin

Pour le sorbet au fruit de la passion

- 25 cl de pulpe de fruit de la passion
- 70 g de sucre
- 150 g d'eau

Pour le coulis de cerise

- 100 g de cerises noires dénoyautées
- 10 g de sucre
- 10 cl d'eau

Pour le dressage

- Quelques brins de menthe poivrée ou de bergamote
- 18 amandes

Les meringues

- Préchauffez le four à 90 °C (th. 3).
- Montez les blancs d'œufs en neige et, lorsqu'ils sont arrivés à une consistance crémeuse, ajoutez le sucre en poudre. Laissez tourner le fouet pendant 10 min et ajoutez le poivre de Tasmanie.
- Recouvrez une plaque de cuisson d'une feuille de papier sulfurisé et, à l'aide d'une poche à douille, dressez des petits tas de meringue de 3 à 4 cm de diamètre. Enfournez et faites cuire 1 à 2 h. Ouvrez la porte du four de temps en temps pour évacuer la vapeur (qui ralentirait le séchage des meringues). Les meringues doivent être sèches à l'extérieur comme à l'intérieur.

Le sorbet au fruit de la passion

- Faites chauffer la pulpe de fruit de la passion avec le sucre et l'eau. Mixez hors du feu. Laissez refroidir et faites prendre dans une sorbetière. Placez ensuite au congélateur.

Le coulis de cerise

- Portez à ébullition les cerises avec l'eau et le sucre. Mixez et laissez refroidir.

Le dressage

- Concassez les amandes grossièrement (vous pouvez aussi les laisser entières).
- Coupez le foie gras en fines tranches de 5 mm d'épaisseur et assaisonnez-les légèrement d'un peu de cassonade et de fleur de sel. Découpez des morceaux de foie gras de la taille des meringues et procédez comme pour des macarons en mettant 1 morceau de foie gras en guise de garniture entre 2 coques de meringue.

•••

…

• Sur chaque assiette, présentez les meringues de foie gras accompagnées du sorbet passion. Décorez de feuilles de menthe et d'amandes entières ou concassées. Versez un peu de coulis de cerise à côté.

BON À SAVOIR

• 100 g de blancs d'œufs correspondent à environ 3 blancs d'œufs, mais il est indispensable de peser les blancs d'œufs pour réussir les meringues.
• Vous pouvez remplacer le poivre de Tasmanie par un autre poivre noir très fruité.

ŒUF COCOTTE AU FOIE GRAS ET SES MOUILLETTES À LA TRUFFE NOIRE

[Entrée]

Pour 4 personnes

- 4 œufs
- 120 g de foie gras de canard cru
- 20 g de truffe noire du Périgord
- Sel, poivre du moulin
- 4 tranches de pain de campagne
- 20 g de beurre

- Coupez la truffe en fines lamelles.
- Dans 4 mini-cocottes beurrées et tapissées chacune avec 1 lamelle de truffe, cassez 1 œuf sans percer le jaune.
- Faites-les cuire au bain-marie sur une plaque électrique ou sur un feu à gaz, doucement, sans couvercle, pendant 5 min.
- Coupez le foie gras en cubes irréguliers d'environ 1 cm de côté. Dans une poêle, faites-les sauter rapidement et égouttez-les bien avant de les mettre sur vos œufs. Jetez le gras de la poêle et essuyez-la légèrement avec du papier absorbant.
- Coupez les lamelles de truffe restantes en tout petits morceaux.
- Dans les tranches de pain de campagne, découpez des mouillettes et passez-les quelques instants dans la poêle du foie gras pour qu'elles en prennent le goût. Beurrez-les légèrement et recouvrez-les de tout petits morceaux de truffe.

SUGGESTION DE VIN

- Dégustez avec un bon pécharmant.

LE PÂTÉ DE PÉRIGUEUX AU FOIE GRAS DE CANARD ET SA COMPLICE LA TRUFFE

[Apéritif/Entrée]

À préparer 2 jours à l'avance

Pour 1 terrine de 500 g

- 260 g de farce fine de porc
- 200 g de foie gras de canard coupé en escalopes
- 15 g de truffe noire du Périgord
- 1 œuf
- 1 cuil. à café d'eau-de-vie
- Sel, poivre du moulin

- Placez la farce fine de porc dans un saladier, ajoutez l'œuf et l'eau-de-vie, assaisonnez et mélangez bien.
- Au fond d'une terrine, étalez la moitié de la farce, puis disposez dessus la moitié des escalopes de foie gras, la moitié de la truffe coupée en lamelles, une nouvelle couche de foie gras, le reste de truffe et enfin le reste de farce.
- Préchauffez le four à 160 °C (th. 5-6).
- Faites cuire au bain-marie dans le four dans une terrine en fonte ayant un couvercle pendant 40 min.
- Lorsque la terrine a refroidi, réservez-la au frais pendant 48 h.
- Dégustez avec des toasts chauds et un montravel rouge ou blanc.

BON À SAVOIR

- La farce fine de porc doit se composer d'échine, de blanc d'épaule et de poitrine.
- C'est le foie gras de canard qui rend ce pâté moelleux. Veillez donc à bien le choisir de couleur jaune or.

ESCALOPES DE FOIE GRAS POÊLÉES AUX PÊCHES DE VIGNE

[Entrée]

Pour 6 personnes

- 600 g de foie gras cru
- 6 pêches de vigne
- 15 cl de vin de pêche
- 30 g de sucre en poudre
- Sel, poivre du moulin

Les escalopes

- Taillez 12 escalopes dans le foie gras. Dénoyautez les pêches et coupez-les en quatre. Faites chauffer une poêle, salez et poivrez les escalopes des deux côtés et mettez-les dans une poêle très chaude sans apport de matière grasse.
- Faites cuire les escalopes de foie gras jusqu'à coloration des 2 côtés (environ 1 min 30 au total), puis disposez-les sur du papier absorbant.

Les pêches de vigne

- Jetez la graisse de la poêle, ajoutez les quartiers de pêches, poudrez de sucre et laissez cuire jusqu'à caramélisation. Ajoutez ensuite le vin de pêche, flambez, et attendez que le jus réduise jusqu'à atteindre une consistance sirupeuse.

Le dressage

- Disposez les escalopes sur des assiettes préalablement chauffées (voir p. 18), ajoutez les quartiers de pêches et nappez de sauce.

BON À SAVOIR

- Choisissez les fruits suivant les saisons. Le foie gras se marie parfaitement avec l'abricot, la pomme, la figue, les fruits exotiques, etc.

TERRINE DE FOIE GRAS MI-CUIT

[Apéritif/Entrée]

À préparer 1 semaine à l'avance

Pour 1 terrine de 1 kg

- 3 foies gras de canard crus d'environ 330 g chacun
- 2 cl de porto
- Sel, poivre du moulin

- Déveinez les 3 foies gras. Étalez-les sur une planche, salez et poivrez. Imbibez-les avec le porto à l'aide d'un pinceau de cuisine.
- Préchauffez le four à 200 °C (th. 6-7).
- Prenez une terrine en terre cuite de 1 kg, tapissez-en l'intérieur de film alimentaire. Disposez-y les foies gras en prenant soin de bien les tasser de manière à les rendre compacts.
- Une fois la terrine remplie, repliez le film sur les foies gras, et recouvrez du couvercle.
- Placez la terrine sur la lèchefrite recouverte d'eau (bain-marie), enfournez et faites cuire pendant 10 min.
- Après la cuisson, sortez la terrine du four et laissez refroidir. Conservez au frais 1 semaine avant de déguster.

SUGGESTIONS D'ACCOMPAGNEMENTS

- Cette terrine est délicieuse avec une gelée de monbazillac, de la confiture de figues ou de pissenlits, et surtout un bon pain de campagne cuit au feu de bois.

LE CONSEIL DU CHEF

- Une terrine de foie gras se prépare quelques jours à l'avance, surtout si vous y ajoutez des truffes : cela leur donne le temps de bien parfumer la chair du foie gras.

PROFITEROLES DE FOIE GRAS, MANGUES, DOUCEUR MAS AMIEL RÉDUIT AU CACAO ET SAVEUR FRAMBOISE

[Entrée]

Pour 12 choux

Pour le foie gras
- 1 foie gras cru de 380 g
- Sel, poivre blanc

Pour les choux
- 125 g de farine tamisée
- 20 cl d'eau
- 75 g de beurre
- 3 œufs
- 1 pincée de sel
- 1 cuil. à café de sucre en poudre

Pour 75 cl de sorbet
- 2 mangues bien mûres
- 100 g de sucre
- 15 cl d'eau
- 1/2 citron (jus)

Pour la sauce Mas Amiel
- 50 cl de Mas Amiel
- 135 g de sucre en poudre
- 1 cuil. à soupe de cacao amer en poudre

Pour la réduction de vinaigre de framboise
- 50 cl de vinaigre balsamique blanc
- 3 cuil. à soupe de pulpe de framboises fraîches
- 350 g de sucre en poudre
- 5 g d'agar-agar

LA VEILLE

Le sorbet à la mangue
- Versez l'eau et le sucre dans une casserole. Portez à ébullition puis retirez du feu dès que le sucre est dissous.
- Épluchez et dénoyautez les mangues. Mixez leur chair.
- Mélangez le sirop, la purée de mangues et le jus de citron.
- Laissez une nuit au réfrigérateur.
- Versez la préparation dans une sorbetière et faites prendre le sorbet puis réservez-le au congélateur.

LE JOUR MÊME

La pâte à choux
- Dans une casserole, mettez l'eau, la pincée de sel, le beurre et le sucre. Faites bouillir le tout et versez-y d'un seul coup toute la farine tamisée.
- Remuez bien à la spatule et travaillez la pâte pendant environ 5 min à feu doux jusqu'à ce qu'elle se décolle des parois et forme une boule. Faites-la bien se dessécher.
- Retirez du feu et laissez refroidir quelques minutes.
- Préchauffez le four à 180 °C (th. 6).
- Ajoutez les œufs un à un en travaillant énergiquement la pâte entre chaque incorporation.
- Placez une feuille de papier sulfurisé sur une plaque de cuisson et, à la poche à douille ou à l'aide d'une cuillère, déposez dessus des choux de 3 à 4 cm de diamètre. Les choux ne doivent pas être trop gros.
- Enfournez pour environ 15 min de cuisson.

La sauce Mas Amiel
- Faites réduire le Mas Amiel avec le sucre en poudre. Quand la réduction devient sirupeuse, ajoutez le cacao amer et fouettez bien pour lisser la sauce.

•••

…

La réduction de vinaigre de framboise

- Faites réduire le vinaigre balsamique blanc avec le sucre en poudre. Quand la réduction devient sirupeuse, ajoutez-y la pulpe de framboises fraîches. Fouettez bien pour la rendre lisse tout en y ajoutant l'agar-agar.

Le foie gras

- Choisissez un foie gras de très bonne qualité. Levez des escalopes un peu épaisses et assaisonnez-les avec du sel fin et du poivre blanc.
- Faites chauffer une poêle antiadhésive sans matière grasse. Quand elle est bien chaude, placez les escalopes et laissez-les colorer sur les deux faces sans remuer votre poêle.
- Une fois les escalopes colorées à votre goût, posez-les sur un plat et du papier absorbant pour éponger l'excédent de graisse que le foie gras peut éventuellement restituer.
- Ne faites pas trop cuire le foie gras, il doit rester fondant et moelleux.

Le dressage

- Coupez vos choux à environ deux tiers de la hauteur. Conservez la deuxième partie qui servira de chapeau à la fin du dressage.
- Placez la première partie des choux dans les assiettes et remplissez-les de sorbet à la mangue.
- Réchauffez vos foies gras déjà poêlés environ 2 min au four à 150 °C (th. 5). Placez-les ensuite sur les choux remplis de sorbet.
- Déposez 1 filet de vinaigre de framboise réduit et la sauce Mas Amiel sans napper totalement. Recouvrez l'ensemble avec le chapeau des choux. Dégustez !

LE CONSEIL DU CHEF

- Attention, ce dressage doit être réalisé quelques instants avant la dégustation pour que le sorbet ne fonde pas au contact du foie gras poêlé.

TOURNEDOS D'AGNEAU DU PÉRIGORD EN CHEMISE CROUSTILLANTE FAÇON ROSSINI

[Plat]

Pour 4 personnes

Pour les tournedos
- 4 filets d'agneau du Périgord (label rouge)
- 4 escalopes de foie gras (environ 180 g au total)
- 6 feuilles de brick
- 8 lamelles de truffe un peu épaisses
- 1 cuil. à soupe d'huile d'olive
- Sel, poivre du moulin

Pour la sauce aux truffes
- 25 cl de porto
- 15 cl de cognac
- 30 cl de fond de veau ou de volaille
- 8 cl de jus de truffe
- 80 g de brisures de truffe
- Sel, poivre du moulin

- Salez et poivrez les 4 filets d'agneau. Superposez-les deux par deux en intercalant entre les 2 filets des lamelles de truffe. Roulez-les ensuite dans 3 feuilles de brick superposées en les serrant, puis ficelez-les.
- Détaillez chaque rouleau en quatre tronçons afin d'obtenir 8 tournedos.
- Faites chauffer une poêle avec 1 cuil. à soupe d'huile d'olive pour colorer les tournedos sur chaque face y compris le côté feuilles de brick.
- Poêlez les escalopes de foie gras dans une poêle bien chaude sans matière grasse, pour les colorer sur les deux faces.

La sauce aux truffes

- Dans une casserole, faites réduire de moitié le porto et le cognac. Ajoutez-y ensuite le fond de veau ou de volaille et laissez cuire environ 5 min. Ajoutez 8 cl de jus de truffe et les brisures de truffe. Laissez infuser sans faire bouillir. La sauce doit napper la cuillère. Rectifiez l'assaisonnement.

Le dressage

- Dans une assiette bien chaude (voir p. 18), déposez les tournedos en équilibre sur le côté croustillant, placez l'escalope de foie gras et versez un peu de sauce aux truffes à côté.

LES CONSEILS DU CHEF

- Lorsque vous commandez les filets d'agneau Label rouge du Périgord chez votre boucher, ils doivent être dégraissés et les aponévroses retirées.
- Accompagnez ce plat d'une polenta truffée.

PRESSÉ DE FOIE GRAS MI-CUIT ET MARMELADE AUTOMNALE

[Entrée]

Pour 6 personnes

Pour le pressé de foie gras
- 1 foie gras frais extra d'environ 450 g
- 3 cl de whisky irlandais
- 3 cl de liqueur de châtaigne

Pour la marmelade automnale
- 150 g d'airelles fraîches
- 1 poire
- 40 g d'abricots secs
- 15 g de cerneaux de noix
- 60 g de jus d'orange
- 80 g de sucre en poudre
- 1/2 cuil. à soupe de cannelle en poudre
- 2 cl de marc de fruits ou de Grand Marnier
- 3 pincées de piment d'Espelette
- 6 pincées de fleur de sel
- 6 g de sel fin
- Poivre du moulin

Pour la réduction de vin de noix
- 20 cl de vin de noix
- 1 cuil. à soupe de sauce d'huître (produit asiatique)

5 JOURS À L'AVANCE

• Déveinez le foie gras. Mettez-le dans une terrine chemisée de film alimentaire et assaisonnez (sel, poivre, piment). Ajoutez le whisky, ainsi que la liqueur de châtaigne, et rabattez le film. Placez le plat au réfrigérateur pour 12 à 24 h.
• Sortez la terrine 1 h à l'avance, et enfournez-la à 60 °C (th. 2) pour obtenir une température à cœur de 45 °C (utilisez un thermomètre de cuisson).
• À ce terme, dégraissez-la au maximum. Pour cela, retournez la terrine sur une passoire (gardez la graisse, elle pourra servir à un autre plat) et égouttez le foie. Ensuite, remettez le foie dans la terrine, recouvrez de film alimentaire et placez dessus une presse avec 2 kg de poids (voir p. 17). Entreposez au frais pour 4 à 5 jours.

AU MOINS LA VEILLE

La marmelade automnale

• Épluchez la poire et débitez-la en petits cubes. Taillez les abricots secs de la même manière. Mettez l'ensemble des ingrédients (poire, abricots secs, airelles, jus d'orange, sucre et cannelle) dans une casserole. Portez à ébullition et maintenez la cuisson à feu moyen durant environ 6 min, tout en remuant de temps en temps. Ajoutez les noix et l'alcool, poursuivez la cuisson 3 à 4 min, puis versez dans des pots, et une fois ceux-ci refroidis, placez-les au réfrigérateur.

LE JOUR MÊME

Le dressage

• Dans une casserole sur feu moyen, faites réduire le vin de noix jusqu'à obtenir un caramel léger. Ajoutez la sauce d'huître et éteignez le feu.
• Détaillez le pressé de foie gras en tranches, parsemez de fleur de sel, accompagnez de marmelade, d'une petite salade d'herbes ou de pousses pour donner un peu d'amertume (cerfeuil, cresson, alfalfa, etc.) assaisonnée d'huile d'olive et de vinaigre de xérès et ajoutez quelques touches de la réduction de vin de noix.

FOIE GRAS POÊLÉ ET HARICOTS VERTS À LA NOISETTE

[Plat]

Pour 6 personnes

Pour le foie gras poêlé
- 6 escalopes de foie gras cru de canard (environ 1,5 cm d'épaisseur)
- Sel, poivre du moulin

Pour les haricots verts
- 600 g de haricots verts frais
- 3 cuil. à soupe d'huile de noisette extra (Moulin de la Veyssière, Neuvic)
- 1 cuil. à soupe de vinaigre de framboise (Moulin des Cépages)
- 10 noisettes
- Sel, poivre du moulin

Les haricots verts à la noisette

- Équeutez les haricots et faites-les à cuire à l'anglaise (dans de l'eau bouillante salée), en les conservant al dente (après environ 7 min de cuisson), plongez-les dans un saladier d'eau froide et de glaçons pour qu'ils refroidissent immédiatement, et égouttez. Essuyez-les bien, puis coupez-les en tronçons.
- Réalisez une vinaigrette avec l'huile de noisette et le vinaigre de framboise. Assaisonnez et versez-la sur les tronçons de haricots verts. Hachez grossièrement les noisettes, et réservez-les.

Le foie gras poêlé

- Assaisonnez les escalopes de foie gras. Poêlez-les 1 min sur une face, jetez la graisse (gardez-la pour une autre utilisation), puis faites cuire 45 secondes sur l'autre côté. Débarrassez les escalopes sur du papier absorbant et disposez-les aussitôt dans les assiettes avec la salade de haricots verts avant de parsemer de brisures de noisette.

BON À SAVOIR

- Vous pouvez accompagner ce foie gras d'une purée de potimarron cuit dans du jus de fruit de la passion.

MAKI DE HOMARD ET FOIE GRAS AU YUZU, GLACE AU RIZ BASMATI

[Plat]

Pour 8 personnes

Pour le maki
- 3 homards (500 g chacun)
- 350 g de foie gras cru
- 4 feuilles de riz
- 10 radis rouges
- 1 pamplemousse
- 2 pommes granny smith
- 200 g de mâche lavée
- 2 cuil. à soupe de jus de yuzu
- 1 filet d'huile d'olive (pour les feuilles de riz)

Pour la vinaigrette
- 150 g de jus de mangue
- 150 g de jus de fruit de la passion
- 1 cuil. à soupe de jus de yuzu
- 1 cuil. à café de vinaigre noir
- 2 cuil. à café bien pleines de galanga râpé
- 200 g d'huile d'olive
- Sel, poivre du moulin

Pour la glace au riz basmati
- 50 cl de lait
- 50 cl de crème liquide
- 8 œufs
- 200 g de sucre en poudre
- 100 g de beurre de cacao (Mycryo)
- 800 g de fond de volaille fait maison
- 1 kg de riz basmati
- 400 g eau de cuisson

...

La glace au riz basmati

- Préparez une crème anglaise : dans une casserole, mettez à chauffer les œufs, le lait, la crème liquide, le beurre de cacao et le sucre, tout en fouettant, jusqu'à atteindre 83 °C.
- Faites cuire le riz basmati le temps indiqué sur l'emballage. Égouttez-le et gardez 400 g de son eau de cuisson.
- Mixez ensemble le riz basmati, l'eau de cuisson réservée et le fond de volaille maison. Ensuite, incorporez délicatement la crème anglaise. Laissez refroidir complètement et versez dans une sorbetière pour faire prendre en glace. Puis entreposez au congélateur.

L'huile verte

- Préparez l'huile verte : mixez le cresson avec l'huile d'olive. Salez et poivrez.

La vinaigrette

- Mélangez d'abord le jus de mangue et le jus de fruit de la passion, puis faites-les réduire sur feu moyen jusqu'à ce qu'il ne reste plus que 200 g de liquide. Ensuite, faites dissoudre un peu de sel dans cette réduction, ajoutez un peu de poivre, le jus de yuzu, le vinaigre noir, le galanga râpé et l'huile d'olive. Mélangez.

Le maki de homard

- Faites cuire les homards 4 à 5 min à la vapeur. Puis arrêtez la cuisson en les plongeant dans une cocotte remplie d'eau froide et de glaçons. Égouttez.
- Coupez le foie gras en escalopes de 1 à 1,5 cm d'épaisseur et faites-les poêler rapidement des deux côtés. Égouttez-les sur du papier absorbant puis coupez-les en dés de 1 cm de côté. Mettez les dés de foie gras dans un saladier et arrosez de 2 cuil. à soupe de jus de yuzu. Mélangez et assaisonnez.
- Décortiquez les homards et coupez-les en quatre, puis en dés un peu plus gros que ceux de foie gras. Mélangez-les aux dés de foie gras. Ajoutez la mâche, assaisonnez avec un peu de vinaigrette et mélangez.

...

•••

•••

Pour l'huile verte

- 200 g d'huile d'olive
- 1 bouquet de cresson
- Sel, poivre du moulin

- Huilez 4 feuilles de film alimentaire avec l'huile d'olive. Faites tremper les 4 feuilles de riz dans de l'eau froide pendant 30 secondes à 1 min. Égouttez-les et étalez-les sur le film alimentaire.
- Disposez le mélange homard-foie gras-mâche aux deux tiers de chaque feuille de riz, puis enroulez l'appareil dans la feuille de riz. Serrez bien et réservez au frais.
- Taillez les radis en fines rondelles. Épluchez les pommes et le pamplemousse et coupez-les en petits cubes. Assaisonnez avec le reste de la vinaigrette.

Le dressage

- Au moment de servir, sortez les rouleaux de feuilles de riz, coupez les extrémités puis coupez chaque rouleau en deux makis.
- Sur chaque assiette, dressez 1 maki, un peu de salade de radis-pommes-pamplemousse (présentée ici en rosace), de l'huile verte et 1 boule de glace au riz (non présente sur la photo).

BON À SAVOIR

- Le galanga est un rhizome de la famille du gingembre. Vous pouvez en acheter un beau morceau, le congeler, et le râper au fur et à mesure de vos besoins.
- Si vous ne trouvez pas de vinaigre noir (produit asiatique), vous pouvez le remplacer par 2/3 de vinaigre balsamique et 1/3 de sauce soja japonaise.

CABILLAUD CUIT AU CHALUMEAU AU CŒUR DE FOIE GRAS SUR UN COULIS D'ORTIE,

SALADE DE FRAISES ET MÂCHE À L'HUILE DE COMBAVA

[Plat]

Pour 8 personnes

Pour le cabillaud
- 1 kg de dos de cabillaud
- 350 g de foie gras cru coupé en escalopes de 1 à 2 cm d'épaisseur
- 100 g de fraises
- 200 g de pousses d'épinard
- 200 g de roquette
- 1 filet d'huile de combava
- Sel fumé
- Sel fin
- Poivre blanc de Sarawak

Pour le coulis d'ortie
- 10 brins d'ortie
- 10 feuilles de menthe fraîche
- Sel, poivre du moulin

Le cabillaud

- Coupez le cabillaud pour obtenir 8 carrés d'environ 10 cm de côté et 5 mm d'épaisseur.
- Dans une poêle bien chaude sans matière grasse, poêlez les escalopes de foie gras 30 secondes de chaque côté. Assaisonnez-les de sel fumé.
- Posez chaque carré de cabillaud sur un morceau de film alimentaire, disposez sur chacun 6 pousses d'épinard, et par-dessus déposez 1/8 du foie gras poêlé. Roulez le cabillaud et serrez à l'aide du film alimentaire. Réservez au réfrigérateur quelques minutes.

Le coulis d'ortie

- Pendant ce temps, préparez le coulis d'ortie : faites blanchir les feuilles d'ortie dans de l'eau bouillante avec les feuilles de menthe, puis plongez-les dans un bac d'eau glacée pour arrêter la cuisson et garder la couleur. Égouttez, mixez et passez au chinois. Assaisonnez.
- Passez les fraises sous l'eau avant de les sécher et de les équeuter. Coupez-les en deux et assaisonnez-les avec l'huile de combava, un peu de sel fin et de poivre blanc de Sarawak.
- Préchauffez le four à 180 °C (th. 6-7).
- Sortez les rouleaux de cabillaud du réfrigérateur, mettez-les dans un plat et enfournez pour 3 à 4 min. En fin de cuisson, donnez un petit coup de chalumeau de cuisine pour les colorer.

Le dressage

- Sur les assiettes chaudes (voir p. 18), disposez en premier les

...

…

fraises pour qu'elles soient légèrement tiédies, puis le coulis d'ortie et posez ensuite le cabillaud au cœur de foie gras. Agrémentez de mâche à l'huile de combava et de quelques feuilles de roquette.

BON À SAVOIR

- Je recommande le poivre blanc de Sarawak du Jardin des Épices.
- Vous pouvez cuire entièrement les rouleaux de cabillaud au chalumeau, et non au four ; dans ce cas, veillez à les colorer sur toutes leurs faces.

FOIE GRAS ET FILETS DE CAILLE À LA FAÇON D'UN HAMBURGER

[Plat]

Pour 6 personnes

- 12 filets de caille (à faire lever par votre volailler)
- 300 g de foie gras de canard cru (soit 6 tranches de 50 g environ)
- 200 g de vert de bettes ou d'épinards frais
- 6 pommes de terre moyennes
- 150 g de beurre
- 10 cl d'huile de noix
- Huile d'olive
- Sel, poivre du moulin

Le hamburger

- Épluchez, lavez et râpez grossièrement les pommes de terre puis faites-les cuire à feu doux dans environ 80 g de beurre, sans oublier de les assaisonner. Les pommes de terre doivent être cuites sans être en purée. Une fois cuites, réservez-les au chaud.
- Séparez le vert des bettes de leurs côtes (ou équeutez les épinards frais). Lavez-les et séchez-les dans un torchon. Faites-les cuire pendant environ 2 min directement dans le restant de beurre dans une poêle, tout en les assaisonnant. Une fois cuits, réservez-les au chaud (au four à 50 °C, th. 1-2).
- Dans une poêle assez grande, faites cuire les filets de caille assaisonnés dans un peu d'huile d'olive, environ 5 min par face. Dans la même poêle, et en fin de cuisson des filets de caille, faites poêler rapidement les tranches de foie gras assaisonnées et retirez la poêle du feu.

Le dressage

- À l'aide d'un cercle en métal posé dans une assiette, montez un peu de pomme de terre, du vert de bettes (ou des épinards), 1 filet de caille, la tranche de foie gras poêlé, à nouveau un filet de caille, de la pomme de terre et terminez par du vert de bettes (ou des épinards). Vous pouvez aussi, comme sur la photo, servir cet hamburger un peu destructuré en montant dans un cercle en métal : un peu de pomme de terre, du vert de bettes, la tranche de foie gras poêlé. Placez les filets de caille à côté.
- Retirez enfin le cercle et terminez par 1 filet d'huile de noix. Répétez l'opération pour les 5 autres hamburgers.

PANNEQUETS DE CHOU VERT AU FOIE GRAS

[Plat]

Pour 6 personnes

- 3 cuisses de canard gras confites
- 300 g de foie de canard cru (soit 6 tranches d'environ 50 g)
- 1 chou vert frisé
- 150 g de châtaignes du Périgord (sous vide ou en bocal)
- 20 g de beurre
- 2 cuil. à soupe d'huile d'olive
- Sel, poivre du moulin

- Détachez les feuilles du chou, ôtez les grosses côtes et faites blanchir 2 min les feuilles dans de l'eau bouillante salée, puis rafraîchissez-les et égouttez-les.
- Retirez délicatement la peau des cuisses de canard confites. Faites ensuite revenir les cuisses dans une poêle à feu doux, sans matière grasse, afin qu'elles soient légèrement colorées et croustillantes puis réservez-les.
- Dans un saladier, retirez la chair des os des cuisses et effilochez le tout à la fourchette.
- Dans la même poêle utilisée pour les cuisses de canard, faites revenir les châtaignes afin de les caraméliser légèrement. Sortez-les et concassez-les grossièrement, avant de les mélanger à l'effiloché de cuisses de canard. Assaisonnez. Mélangez bien le tout à l'aide d'une fourchette.
- Étalez sur votre plan de travail 6 belles feuilles de chou, répartissez-y la moitié de la farce (effiloché et châtaignes), disposez ensuite, sur chacune des feuilles et sur la farce, 1 tranche de foie gras cru et terminez en répartissant le reste de la farce. Formez ensuite de jolis petits paquets en repliant les feuilles de chou et en les maintenant avec de la ficelle.
- Préchauffez le four à 160 °C (th. 5-6).
- Dans une cocotte, faites chauffer l'huile et le beurre et faites-y dorer les pannequets de chou sur feu moyen sur toutes leurs faces.
- Achevez la cuisson pendant environ 10 min au four. Arrosez régulièrement les pannequets avec le jus de cuisson.

ASTUCE

- Ajoutez 1 cuil. à soupe de chapelure de pain d'épices. Facile à réaliser, il vous suffit de prendre 3 tranches de pain d'épices (artisanal de préférence), d'en retirer les 4 côtés et de les laisser sécher à l'air libre au moins 3 ou 4 jours, ou dans un four à 50 °C (th. 1-2) jusqu'à ce qu'elles soient dures. Ensuite, passez-les au mixeur et vous obtiendrez une chapelure de pain d'épices !

TATIN DE FOIE GRAS AUX TRUFFES DU PÉRIGORD

[Entrée/Plat]

Pour 6 personnes

Pour la tatin
- 12 escalopes de foie gras cru de 25 à 35 g chacune
- 2 truffes d'environ 40 à 50 g
- 3 belles pommes golden
- 30 g beurre
- 2 cuil. à soupe d'huile de pépins de raisin
- Sel, poivre du moulin

Pour la sauce
- 60 g de brisures de truffe
- 50 g de jus de truffe
- 50 g de liqueur de truffe
- 20 g de beurre
- 50 g de sucre en poudre
- 10 cl de fond de veau

La tatin

- Épluchez les pommes, coupez-les en deux, enlevez les pépins. Taillez les pommes en cubes.
- Avec une râpe à truffe ou un couteau bien aiguisé, réalisez des tranches fines dans 1 truffe, puis taillez-les en petits bâtonnets.
- Faites chauffer l'huile de pépins de raisin dans une poêle et faites-y saisir à feu vif les cubes de pommes. Ajoutez le beurre, salez et poivrez.
- Débarrassez dans un petit plat, ajoutez la julienne de truffe et mélangez rapidement. Recouvrez de film alimentaire et réservez.
- Dans une poêle bien chaude sans matière grasse, faites saisir les escalopes de foie gras à feu vif 2 min de chaque côté, baissez le feu et continuez la cuisson 2 à 3 min. Débarrassez-les sur du papier absorbant.

La sauce

- Mettez le sucre en poudre dans une petite casserole et faites chauffer à feu doux jusqu'à l'obtention d'un caramel blond.
- Déglacez le caramel avec la liqueur de truffe, laissez réduire de moitié. Ajoutez ensuite le fond de veau, laissez réduire à nouveau de moitié. Ajoutez enfin le jus de truffe. Puis pour terminer, ajoutez le beurre et les brisures de truffe.

Le dressage

- Faites des tranches fines avec la seconde truffe.
- Tranchez les escalopes poêlées légèrement en biais.
- Placez 6 cercles en métal (Ø 8 cm) sur 6 assiettes. Déposez dedans les cubes de pommes à la truffe. Ajoutez dessus en alternance les tranches de foie gras et les lamelles de truffe.
- Avant de servir, réchauffez les assiettes successivement 10 secondes au four à micro-ondes, nappez de sauce à la truffe réchauffée et dégustez !

LE CONSEIL DU CHEF

- Choisissez une spécialité culinaire à la truffe de la Distillerie du Périgord à Sarlat.

MILLEFEUILLE DE FOIE GRAS AUX TRUFFES, CONFITURE D'OIGNONS AU VIEUX VINAIGRE

[Apéritif/Entrée]

Pour 6 personnes (24 tapas)

Pour la terrine
- 2 foies gras de canard extra d'environ 450 g chacun
- 2 truffes (total 80 g)
- Sel, poivre du moulin

Pour la confiture d'oignons
- 500 g d'oignons
- 300 g de sucre en poudre
- 30 cl de vinaigre de vin
- 2 cuil. à soupe d'huile de pépins de raisin

Pour le dressage
- 1 baguette de pain de campagne

La confiture d'oignons

- Épluchez les oignons et émincez-les le plus finement possible. Dans une cocotte ou une sauteuse, faites chauffer l'huile de pépins de raisin et faites-y blondir les oignons sans les brûler.
- Ajoutez ensuite le sucre en poudre, puis le vinaigre, et laissez compoter jusqu'à obtenir une consistance sirupeuse.
- Tranchez les foies en escalopes d'environ 1 cm d'épaisseur.
- Dans une poêle bien chaude sans matière grasse, faites saisir rapidement les escalopes de foie gras sur les deux faces, à feu vif. Débarrassez-les sur du papier absorbant. Salez et poivrez.

Le montage de la terrine

- Tranchez les truffes le plus finement possible.
- Chemisez l'intérieur d'une terrine avec du film alimentaire. Mettez une première couche d'escalopes de foie gras (1/4 de la totalité). Répartissez ensuite dessus 1/4 des lamelles de truffe. Ajoutez une couche d'escalopes de foie gras et une couche de lamelles de truffe. Renouvelez l'opération encore 2 fois. On a donc 4 couches de foie gras et 4 couches de truffes. Recouvrez de film alimentaire.
- Mettez sous presse : enveloppez de film alimentaire une petite planche (ou un carton) de la taille de la terrine, posez-la sur la terrine et placez un poids dessus (boîte de conserve ou brique de lait).
- Placez au réfrigérateur pendant 12 h.

Le dressage

- Coupez la baguette en tranches, toastez-les très légèrement et nappez-les de confiture d'oignons. Posez dessus 1 fine tranche (4 à 5 mm d'épaisseur) de millefeuille de foie gras aux truffes et dégustez !

FILETS D'ESTURGEON FAÇON ROSSINI

[Plat]

Pour 6 personnes

Pour l'esturgeon
- 6 belles escalopes de foie gras de canard
- 6 portions (1,2 kg) de filet d'esturgeon d'Aquitaine (élevage régional)
- 2 cuil. à soupe d'huile d'olive
- Sel, poivre du moulin

Pour la sauce au bergerac
- 50 cl de vin rouge (bergerac)
- 50 g de beurre
- 50 cl de fond brun de canard
- Sel, poivre du moulin

Pour le dressage
- 6 fines lamelles de truffe (facultatif)

La sauce au bergerac

- Dans une casserole posée sur feu moyen, faites réduire le vin de moitié, puis ajoutez le fond brun. Faire réduire de nouveau de moitié. En fin de cuisson, ajoutez le beurre en parcelles, puis assaisonnez en sel et poivre.

L'esturgeon Rossini

- Dans une poêle posée sur feu moyen, faites chauffer l'huile d'olive, et faites-y poêler les filets d'esturgeon. Retirez l'esturgeon après cuisson.
- Dans une autre poêle posée sur feu vif, faites saisir les 6 escalopes de foie gras 2 min de chaque côté.

Le dressage

- Pour servir, placez 1 filet d'esturgeon au milieu de chaque assiette, et 1 escalope de foie gras par-dessus ou à côté. Versez 1 filet de sauce autour de la préparation, puis déposez 1 fine lamelle de truffe noire du Périgord sur le foie gras (facultatif).

BON À SAVOIR

- Si vous n'avez pas de fond brun de canard, vous pouvez le remplacer par autant de jus de veau lié ou de fond de veau.
- Vous pouvez accompagner ce plat de pommes paillaisson : épluchez et lavez 1,6 kg de pommes de terre à chair ferme, puis rincez-les à l'eau froide, essuyez-les et râpez-les (comme pour des carottes râpées). Mélangez-les avec un peu de sel et de poivre. Faites-les cuire en 6 petits tas, dans une poêle contenant de la graisse de canard chaude, en mettant un couvercle. Au bout de 10 min, retournez-les et continuez la cuisson pendant 10 min jusqu'à ce qu'elles soient bien dorées et croustillantes.

ESCALOPES DE FOIE GRAS DE CANARD AUX POMMES ET JUS BRUN AU MIEL DE PAYS

[Entrée/Plat]

Pour 6 personnes

Pour les escalopes aux pommes
- 6 belles escalopes de foie gras de canard
- 3 pommes golden
- 20 g de beurre

Pour le jus brun
- 10 cl de fond brun de canard
- 1 cuil. à café de miel de pays
- 3 cuil. à soupe de vinaigre de cidre
- Fleur de sel, poivre du moulin

Les escalopes aux pommes

- Épluchez les pommes, coupez-les en quartiers ou en rondelles, et faites-les poêler dans du beurre jusqu'à coloration.
- Dans une poêle bien chaude sans matière grasse, faites saisir les 6 escalopes de foie gras à feu vif 2 min de chaque côté.

Le jus brun au miel de pays

- Débarrassez-les sur du papier absorbant. Déglacez la poêle au vinaigre de cidre, ajoutez le fond de canard, laissez réduire d'un tiers avant d'ajouter le miel.

Le dressage

- Déposez quelques quartiers ou rondelles de pommes, puis chaque escalope dans une assiette, et nappez d'un peu de jus. Parsemez de fleur de sel et poivrez au moulin.

BON À SAVOIR

- Si vous n'avez pas de fond brun de canard, vous pouvez le remplacer par autant de jus de veau lié ou de fond de veau.

CARPACCIO DE FOIE GRAS À L'HUILE D'OLIVE

[Entrée]

Pour 6 personnes

Pour le carpaccio de foie gras
- 1 foie gras cru extra frais d'environ 500 g
- 1 cuil. à soupe d'huile de noisette
- Sel, poivre du moulin

Pour la vinaigrette
- 1 cuil. à soupe de vinaigre de framboise
- 3 cuil. à soupe d'huile de noisette
- Sel, poivre du moulin

Pour le dressage
- Quelques tranches de pain au levain toastées
- Un peu de mesclun ou de roquette

Le carpaccio de foie gras

- Préparez un pot d'eau très chaude et un couteau à lame ferme et fine. Tranchez finement le foie gras en escalopes, disposez-les en rosace sur les assiettes. Assaisonnez le tout de sel fin et d'un tour de moulin à poivre. Avec une pipette, arrosez chaque carpaccio d'huile de noisette.

La vinaigrette

- Lavez et séchez le mesclun (ou la roquette). Préparez une vinaigrette en mélangeant le sel, le poivre, le vinaigre de framboise et l'huile de noisette. Versez-la sur le mesclun et mélangez.

Le dressage

- Dans chaque assiette, présentez un peu de salade mesclun ou de roquette à côté du carpaccio de foie gras.
- Dégustez avec des toasts chauds de pain au levain.

LE CONSEIL DU CHEF

- Utilisez le vinaigre de framboise de l'Huilerie Beaujolaise.

FOIE GRAS DE CANARD RÔTI AUX ÉPICES

[Entrée]

Pour 6 personnes

Pour le foie gras de canard rôti
- 1 foie gras cru extra frais d'environ 500 g
- 50 g de mélange 4-épices
- 1 filet d'huile d'arachide
- Sel, poivre du moulin

Pour la compotée de figues-betterave
- 80 g de figues séchées
- 1 betterave cuite de taille moyenne
- 50 g d'échalotes
- 20 g de beurre
- 1 pincée de sucre en poudre
- 1 orange pressée
- 1 citron pressé
- 1/2 verre de vin rouge (bergerac)

Pour le dressage
- Quelques tranches de pain au levain

LA VEILLE

Le foie gras de canard rôti

- Séparez délicatement les deux lobes du foie gras. Ne les déveinez pas. Assaisonnez chacun de sel et de poivre. Enrobez-les ensuite de 4-épices. Tapotez l'excédent d'épices.
- Faites chauffer 1 filet d'huile d'arachide dans une poêle, puis faites rôtir les 2 lobes de foie gras sur toutes leurs faces, à feu moyen, pendant environ 8 à 10 min. Posez-les sur une grille et laissez-les reposer quelques minutes. Enroulez-les ensuite chacun de film alimentaire bien serré.
- Laissez reposer 24 h au réfrigérateur.

La compotée de figues-betterave

- Émincez les échalotes et mettez-les à blanchir dans une casserole remplie d'eau froide que vous portez à ébullition. Dès l'ébullition, égouttez-les et rafraîchissez-les sous l'eau très froide pour arrêter la cuisson.
- Dans une sauteuse, faites revenir les échalotes égouttées avec le beurre et 1 pincée de sucre en poudre, puis ajoutez les figues séchées coupées en morceaux et faites suer l'ensemble. Déglacez avec le jus d'orange et le jus de citron et faites réduire à sec (jusqu'à ce que le liquide soit absorbé). Ajoutez le vin rouge et réduisez à sec à nouveau. Mixez cette réduction avec la betterave cuite.

LE JOUR MÊME

Le dressage

- Sortez les foies du réfrigérateur et découpez-les en fines tranches.
- Accompagnez le foie gras d'une gelée de sauternes, d'une compotée de figues-betterave et de tranches de pain au levain légèrement toastées.

LE FOIE GRAS DE CANARD DU PÉRIGORD POCHÉ AU VIN DE BERGERAC, COMPOTE DE POIRE, POIVRE NOIR ET CANNELLE

[Entrée]

Pour 10 personnes

Pour le foie gras
- 1 kg de foie gras cru
- Quelques tranches de pain de campagne épaisses
- 2 g de poivre noir moulu
- 12 g de sel

Pour le bouillon
- 2 oranges (zestes)
- 100 g de sucre en poudre
- 1 litre de vin rouge de Bergerac
- 1/2 bâton de cannelle
- 1 clou de girofle
- Quelques grains de poivre noir
- 1 pincée de sel

Pour la gelée
- Le vin de la cuisson dégraissé et clarifié
- Feuilles de gélatine (1 feuille de 2 g pour 100 g de liquide)

Pour la compote de poires
- 300 g de poires abate
- 20 g de jus d'orange
- 1 pointe d'acide ascorbique
- 1/2 bâton de cannelle
- Poivre noir moulu

Pour la décoration
- 2 ou 3 poires abate

3 JOURS À L'AVANCE

Le bouillon

- Préparez le bouillon : portez tous les ingrédients du bouillon à ébullition, puis laissez refroidir et réservez au frais pendant 1 nuit.

Le foie gras

- Déveinez le foie gras, assaisonnez-le, mettez-le dans un plat creux pouvant aller au four et réservez-le au réfrigérateur pendant 1 nuit.

LE LENDEMAIN

- Préchauffez le four à 60 °C (th. 2) et sortez le foie gras du réfrigérateur.
- Réchauffez le bouillon à environ 70 °C (vérifiez à l'aide d'un thermomètre de cuisine), filtrez-le pour enlever les épices, puis versez-le sur le foie gras.
- Faites cuire le foie gras dans le bouillon, au four pendant 45 min. À la fin de la cuisson, égouttez-le bien (gardez le bouillon) et mettez-le à « presser » dans une terrine. Réservez au réfrigérateur pour au moins 24 h.

La gelée de vin rouge

- Récupérez le bouillon au vin rouge et portez à nouveau à ébullition, puis laissez-le refroidir complètement pour que la graisse fige. Quand le bouillon est bien refroidi, ôtez la graisse qui s'est formée en surface et filtrez le bouillon à l'aide d'un torchon fin.
- Faites ramollir des feuilles de gélatine (comptez 1 feuille de 2 g pour 100 g de bouillon filtré) dans de l'eau froide. Essorez-les bien et ajoutez-les au bouillon légèrement tiédi. Laissez refroidir à température ambiante.
- Versez cette gelée sur le foie gras et laissez prendre au frais pendant environ 24 h.

•••

...

La compote de poires

- Portez à ébullition le jus d'orange et 1 pointe d'acide ascorbique. Ajoutez les poires coupées en morceaux sans les éplucher, ajoutez le 1/2 bâton de cannelle, et faites cuire comme une compote. Ajoutez ensuite du poivre noir. Passez au presse-purée et réservez au frais.
- Servez la terrine et la compote de poires à part (éventuellement dressée à la poche à douille en petits tas surmontés d'un morceau de poire), accompagnées de toasts croustillants.

LE FOIE GRAS POÊLÉ ET LES COUTEAUX ENTRE TERRE ET MER, FENOUIL, CITRON ET PERSIL

[Entrée/Plat]

Pour 4 personnes

Pour le foie gras
- 4 escalopes de foie gras cru, de 60 à 80 g chacune, surgelées au préalable
- Sel, poivre du moulin

Pour les couteaux
- 12 couteaux géants
- 1 échalote
- 5 cl de vin blanc de Bergerac sec
- Sel fin

Pour le fenouil
- 2 bulbes de fenouil
- 30 g de beurre

Pour la sauce canard-citron
- 2 citrons jaunes
- 100 g de jus de canard rôti (ou de jus de volaille)
- Sel, poivre du moulin

Pour l'écume de persil
- 50 g de persil plat
- 100 g d'eau
- 1 g de lécithine de soja
- Sel fin

Les couteaux

- Laissez dégorger les couteaux dans de l'eau salée pendant environ 30 min.
- Faites-les ouvrir sur le feu dans une grande casserole comme des moules marinières avec un peu d'eau, du vin blanc et l'échalote émincée. Décortiquez-les après cuisson et gardez uniquement la partie principale. Filtrez le jus de cuisson et réservez les couteaux dedans. Cette préparation servira à réchauffer les couteaux au moment de servir.

Le fenouil

- Coupez en petits cubes de 0,5 cm de côté la partie tendre du fenouil (celle qui va du milieu du bulbe jusqu'au départ des tiges) et faites-les cuire dans de l'eau bouillante salée pendant 1 à 2 min. Puis égouttez-les et plongez-les dans de l'eau glacée pour arrêter la cuisson. Réservez au frais.
- Coupez les parures du fenouil (les parties non utilisées pour les cubes) en morceaux puis faites-les bien cuire 6 à 7 min avec un peu d'eau et de beurre à couvert pour pouvoir ensuite les mixer et obtenir une purée.
- Faites réduire la purée de fenouil sur feu doux pour obtenir une consistance un peu épaisse.

L'écume de persil

- Faites cuire le persil plat pendant 5 min dans de l'eau bouillante salée. Égouttez puis mixez avec 100 g d'eau froide et la lécithine de soja.
- Rectifiez l'assaisonnement, émulsionnez au moment de servir avec un mixeur. Il faut servir l'écume à température ambiante.

•••

…

La sauce canard-citron

- Pelez à vif les citrons, levez les quartiers et coupez-les en petits cubes de 0,5 cm de côté. À la main, pressez tout ce qui reste pour en recueillir le jus.
- Faites réduire le jus de canard de moitié, rectifiez l'assaisonnement en sel et en poivre, puis ajoutez le jus de citron (la sauce doit être bien relevée en citron) pour revenir à la consistance de départ avant réduction.
- Recouvrez la casserole de film alimentaire pour maintenir la sauce au chaud. Au besoin, réchauffez au moment de servir.

Le foie gras

- Assaisonnez de sel et de poivre les escalopes de foie gras. Dans une poêle chaude posée sur feu doux, faites colorer lentement les escalopes des deux côtés. Dès qu'elles ont une belle coloration blond-brun, retournez-les et faites cuire l'autre côté. Comptez environ 3 à 4 min par côté. Coupez les escalopes de foie gras en deux.

Le dressage et la finition

- Faites chauffer les assiettes (voir p. 18).
- Disposez un peu de purée de fenouil en deux petits tas sur chaque assiette chaude, placez dessus les petits morceaux de citron et les couvrir des demi-escalopes de foie gras poêlées. Puis, entre les morceaux de foie gras, disposez la brunoise de fenouil et les couteaux.
- Enfin, versez la sauce canard-citron au fond de chaque assiette ; émulsionnez l'écume de persil et déposez-la sur les couteaux.

LES CHEFS

Vincent ARNOULD
Restaurant Le Vieux Logis

24510 Trémolat
Tél. 05 53 22 80 06
www.vieux-logis.com
Ouvert toute l'année 7 jours/7

Au Vieux Logis, vous irez de surprise en surprise avec Vincent Arnould, lauréat du titre de « Meilleur Ouvrier de France 2007 ». Ce chef sait que l'on déguste d'abord avec les yeux et ses créations en sont la preuve. La sobriété fait la force de ses mets. La finesse avec laquelle il travaille les produits périgourdins érige sa cuisine au rang d'art et le foie gras à celui de chef-d'œuvre. Extraordinaire chaud ou froid, du plus simple au plus élaboré, le foie gras stimule la créativité car il se marie parfaitement avec de très nombreux produits : les épices, les vins, les produits de la mer, le salé, le sucré. Vincent Arnould met en avant dans ses assiettes le fruit du travail de tous les producteurs qui s'efforcent de conserver intacte la tradition de ce produit merveilleux. À vous d'en profiter !

« AVEC LE FOIE GRAS, PRESQUE TOUT EST POSSIBLE ! »

Christian BORINI
Restaurant El Borini

Tour de Ville
24560 Issigeac
Tél. 05 53 58 06 03
www.elborini.com
Ouvert du mardi au samedi midi et soir et le dimanche midi

Christian Borini apporte l'exotisme de son Argentine natale dans ses mets. Avec lui, un vent de renouveau souffle sur la cuisine périgourdine. Du menu Sensation à 29 euros au menu Gourmand à 37 euros, surprenez vos papilles au gré de l'humeur du chef avec de savoureux duos sucrés-salés : œuf cocotte au foie gras à l'arôme de truffe et son chutney de pommes, magret de canard en croûte aux 7 épices et sa sauce mandarine et gingembre, pain perdu au spéculos et glace au chocolat blanc, etc. Le chef n'a pas peur de revisiter les traditions culinaires de chaque pays avec le foie gras en point d'orgue de l'assiette. Il expose fièrement ses recettes dans des livres, des vidéos de démonstration ou encore sur les ondes dans l'émission culinaire de France-Bleu Périgord. Transmettre ce que de grands chefs tel le médiatique Philippe Etchebest lui ont appris lui tient à cœur afin que les nouvelles générations n'ignorent rien de leur superbe patrimoine gourmand. Un challenge tout en saveurs à l'image de ce Latin haut en couleurs !

« LE FOIE GRAS S'ADAPTE À TOUTES LES CUISINES DU MONDE. »

Benoît COHEN

Restaurant Le Relais de la Ganache

La Bassonie Nord
24110 Saint-Astier
Tél. 05 53 09 67 33
www.laganache.fr
Ouvert tous les soirs du mardi au samedi
Tous les midis les week-ends et jours fériés

Le maître mot de Benoît Cohen ? La passion. C'est elle qui a poussé ce jeune Orléanais à cultiver son don pour la cuisine et à en faire son métier, en véritable autodidacte des fourneaux, elle qui l'a incité à s'établir en Dordogne, un département pour lequel il a eu un véritable coup de foudre, elle enfin qu'il aimerait vous faire partager à sa table. Le Relais de la Ganache est logé dans une ancienne grange du XIXe siècle. Dans l'intimité feutrée des lieux, vous pourrez profiter d'un repas convivial concocté par le chef selon les saisons, autour de produits du terroir : truite et saumon de la Beauronne, canard du Périgord, blonde d'Aquitaine ou Limousine de nos contrées, fruits et légumes du marché ou du jardin. Pour parfaire ce moment bucolique, prolongez votre séjour dans l'une des trois chambres au confort doux et rêveur. La situation du hameau, en lisière de forêt, offre de nombreuses possibilités de balades pédestres ou équestres pour partir à la découverte des magnifiques vallées périgourdines aux paysages si singuliers. Au Relais de la Ganache, tous vos sens seront en éveil !

« LE FOIE GRAS, QUELLE FINESSE EN BOUCHE, QUEL CARACTÈRE FESTIF ! »

Pierre CORRE

Auberge de la Truffe

RN21 – 24420 Sorges
Tél. 05 53 05 02 05
www.auberge-de-la-truffe.com
Ouvert toute l'année
sauf le mercredi midi et
le dimanche soir en basse saison

Vous avez dit authentique, généreux et chaleureux ? Aucun doute, vous êtes à l'Auberge de la Truffe. Aux commandes, le chef Pierre Corre dont l'ambition – plus du tout secrète – est de faire aimer la cuisine exquise de son Périgord bien-aimé. Cet homme du Sud-Ouest a traversé la France pour se former dans les plus prestigieux restaurants, auprès des plus grands chefs parmi lesquels Pierre Troisgros, Alain Ducasse, Georges Blanc, Jean-Paul Lacombe ou encore les frères Pourcel, etc. Il est le collaborateur des nouveaux propriétaires M. et Mme Nottellet depuis avril 2014, qui ont eux aussi le souci de promouvoir sa cuisine généreuse. À la carte, un menu tout truffe vient sublimer 50 g du précieux or noir travaillé en râpé pour un consommé, en sauce pour un millefeuille de foie gras, en écailles avec des coquilles Saint-Jacques, puis à l'étouffée avec des pommes de terre et enfin en dessert du pâtissier. Suave, inoubliable, subtile et combien enchanteresse se révèle l'alliance de la truffe et du foie gras. Une explosion de saveurs en bouche dont les gastronomes seront les heureuses victimes !

« LE FOIE GRAS DOIT RESTER LE PLUS NATUREL POSSIBLE. »

Francis DELPEY
Restaurant
L'Espace du sixième sens

6, place Saint-Silain
24000 Périgueux
Tél. 05 53 09 24 29

Est-il besoin de présenter Francis Delpey à Périgueux ? Cet aventurier de la gastronomie, avide de challenges, a ouvert 6 restaurants depuis 1987. Comme un clin d'œil à ce chiffre porte-bonheur, le chef a baptisé son dernier-né « L'Espace du sixième sens ». Nul besoin en revanche de dons extralucides pour apprécier sa cuisine qu'il veut rendre accessible à tous dans un lieu convivial où le partage est une véritable philosophie de vie. Sur la coquette place Saint-Silain, en terrasse, ou à l'abri d'une salle transformée en épicerie fine, on déjeune (presque sur l'herbe) d'assiettes gourmandes bien fournies : foie gras, rillettes d'oie, magret, jambon de pays, fromages et noix et on lève son verre de bergerac à la santé du chef qui a su se faire une clientèle fidèle tout en accueillant avec plaisir les petits nouveaux, vacanciers d'un jour ou de toujours. Une adresse où se retrouver en somme !

LE FOIE GRAS REMPLACE BIEN LE BEURRE ! »

Frédéric FOUCHER
Restaurant La Petite Borie

4, rue Tourny
24200 Sarlat-la-Canéda
Tél. 05 53 31 23 69

Globe-trotter dans l'âme, le chef Frédéric Foucher n'a pas résisté à l'appel de l'aventure : il a plaqué son bar à vins parisien pour faire un véritable tour du monde pendant 1 an et demi. Et le voilà revenu, riche de ses rencontres humaines et culinaires, puis de 6 années vécues passionnément en Argentine. Il foule la terre périgourdine, finit par trouver une maison centenaire, typique du Sarladais, et décide de s'y poser pour fonder une famille et un restaurant, « La Petite Borie ». Comme dans chaque pays traversé, il en profite pour cuisiner « local ». Et en Dordogne, « local » signifie confit, magret, sauce aux cèpes, en somme, tout ce qui tourne autour du canard ! Issu de la Sarthe, Edward Bucquet Dal Molin est arrivé en Dordogne pour affûter son savoir-faire et s'initier à la cuisine du Périgord. Depuis, il a pris les rênes de la cuisine. Le bilan gourmand ? C'est une table de grande qualité où règnent en maîtres les produits frais… et les invités !

« AVEC LE FOIE GRAS,
PRESQUE TOUT EST POSSIBLE ! »

Gérard GATINEL

Restaurant La Rapière

Place de la Cathédrale
24200 Sarlat-la-Canéda
Tél. 05 53 59 03 13
www.restaurant-sarlat.com
Fermé le dimanche hors saison

On l'appelle le Ga'ts tant Gérard Gatinel a imprimé sa patte dans le paysage gourmand local avec son restaurant La Rapière, implanté depuis plus de 20 ans. Le charme de cette bâtisse vaut aussi bien pour sa terrasse qui donne sur la façade de la maison de La Boétie et sur la cathédrale que pour ses vieilles pierres et sa cheminée intérieures. Avec son don inné pour la cuisine, sa gouaille et son caractère entier, le chef, qui a toujours clamé haut et fort un attachement très fort à ses origines sarladaises, a fait de sa table une valeur sûre de la cité médiévale. Son menu Montaigne à 25,50 euros propose des plats authentiques dans la plus pure tradition périgourdine. L'excellent Parmentier d'oie aux cèpes connaît notamment un grand succès. Pensez également à garder une petite place pour le dessert avec le parfait aux noix ou encore la mousse aux deux chocolats, blanc et noir. À consommer (presque) sans modération !

« LE FOIE GRAS EST À L'OIE OU N'EST PAS ! »

Lionel LASCAUD

Restaurant Aux Berges de la Vézère

Place Tourny
24290 Montignac
Tél. 05 53 50 56 31
www.restaurant-montignac.fr

Juillet-août : du lundi au dimanche midi et soir
Le reste de l'année : du mardi au samedi et les jours fériés midi et soir ; le dimanche midi

À deux pas des fameuses grottes de Lascaux, l'exceptionnelle table de Lionel Lascaud ! À l'ombre des platanes centenaires, offrant un formidable point de vue sur le village de Montignac, son vieux pont et la tranquille Vézère, la terrasse vous accueille pour un déjeuner ou un dîner des plus savoureux. Qui a dit que la pizza n'était pas digne de figurer sur la carte d'un restaurant de haute gastronomie ? Certainement pas Lionel Lascaud qui prend un malin plaisir à taquiner la curiosité de ses hôtes en revisitant ce plat populaire italien à la sauce périgourdine. En effet, ne soyez pas étonnés à la lecture de la carte de trouver parmi de copieuses salades, un excellent faux-filet ou un encore un fameux magret de canard aux figues, des lignes et des lignes de pizzas, aux cèpes, au jambon cru, etc. tout droit sorties de l'imagination débordante du chef qui revendique la fraîcheur tant de ses idées que de ses produits issus d'arrivages quotidiens de commerçants du coin. Mention spéciale Gourmandise pour les glaces élaborées par un artisan du village voisin. À tester de toute urgence !

« LE FOIE GRAS ADORE LES MARIAGES ! »

Philippe LATREILLE
Restaurant La Treille

Le Port
24200 Vitrac
Tél. 05 53 28 33 19
www.latreille-perigord.com
Ouvert tous les jours sauf
le lundi et le mardi (hors saison)

Qu'elle a fière allure cette demeure qui appartient à la famille Latreille depuis 1866 ! Étape gourmande sur la route des mille et un châteaux, cet établissement au cœur du Périgord Noir, sur les berges de la Dordogne, n'a de cesse d'éblouir ses visiteurs, par ses pierres au cachet inestimable mais aussi et surtout par sa table. Car il s'y passe de bien gourmandes choses. Le chef est l'enfant du pays et cela se sent dans l'assiette ! Fort de ses rencontres inoubliables avec les grands Roland Mazère ou Francis Garcia et les producteurs du coin, Philippe Latreille et sa cuisine plurielle incitent gravement au péché de gourmandise, un péché qui ne vous ruinera cependant pas car il y en a pour toutes les bourses. Pour prolonger l'envolée au parfum de vacances et d'enfance, La Treille pourra devenir votre hôtel car elle abrite sept chambres au charme discret et une suite dans la « Maison du Passeur ». Qui ne se laisserait pas tenter ?

« LE FOIE GRAS EST UN PRODUIT TRÈS SIMPLE À UTILISER. »

Vincent LAVAL
Restaurant L'Imaginaire

Place du Foirail
24120 Terrasson-Lavilledieu
Tél. 05 53 51 37 27
www.l-imaginaire.fr
Fermé le dimanche soir, mardi et mercredi
Juillet-août : fermé uniquement le lundi

À même pas 30 ans, ce tout jeune chef a décroché une étoile au Michelin en 2012. Cette réussite, il la doit avant tout à ses talents culinaires indéniables et à son travail acharné mais aussi au grand chef bruxellois Pierre Demartin qui lui a ouvert la porte de sa prestigieuse cuisine, et à Éric Samson qui lui a prodigué des conseils fort précieux dans sa quête aux étoiles, et lui a légué en toute confiance, son restaurant « L'Imaginaire ». Un nom prédestiné pour Vincent Laval qui ne manque pas d'idées originales pour mettre le foie gras en fête et en forme car, il aime à le souligner dans ses mets, le foie gras jouit d'une facilité de mise en forme impressionnante. Le raffinement de sa cuisine n'a d'égal que celui du décor d'exception de cet hôtel-restaurant, entre terrasse verdoyante, chambres où règnent luxe, calme et volupté et salle à manger voûtée chargée d'histoire où se joue le mariage de la pierre et des compositions d'artistes locaux. Un vrai moment de délicatesse en perspective !

« LE FOIE GRAS EST UN FORMIDABLE SUPPORT DE SAVEURS. »

Maxime LEBRUN

Restaurant
Le Grand Bleu

43, avenue de la Gare
24200 Sarlat-la-Canéda
Tél. 05 53 31 08 48
www.legrandbleu.eu
Ouvert du mardi au dimanche midi inclus sauf mercredi midi

Maxime Lebrun a deux amours : la cuisine et sa femme… périgourdine. Se laissant guider par son cœur, c'est tout naturellement qu'il quitte la région parisienne pour épouser sa belle, la Dordogne, qu'il connaît bien pour y avoir vécu une part d'enfance et s'y être formé et… ses spécialités culinaires qu'il fait siennes. Parmi les grands cuisiniers qui ont forcé l'admiration de Maxime Lebrun, Roland Mazère pour son calme et sa passion, Guy Martin pour son exceptionnelle rigueur dans la réalisation de ses plats et… son grand-père ! Sa référence, celui qui est à l'origine du reste de sa vie, le jour où il décida de lui faire découvrir cet art. Le plus bel hommage que Maxime Lebrun pouvait lui rendre était de fonder son propre restaurant, c'est chose faite avec Le Grand Bleu. Une ambiance humble et sans prétention pour mieux dévoiler la grandeur des plats : foie gras cuit au torchon à la grenade, gingembre et coriandre, compotée de papaye et patate douce, granité de vin de noix ; ris de veau de lait caramélisés sur une mousseline de pommes de terre à l'ortie et carotte fane braisée, beurre d'oignon et caramel de vin de noix ou bien magret d'oie cuit à basse température, risotto forestier à l'asperge, jus de viande au café et feuille de tabac blond du Périgord, etc. Quel que sera votre choix, plaisirs de la table assurés !

« LE FOIE GRAS A DE LA SIMPLICITÉ DANS SA NOBLESSE. »

Julien LECŒUR

Restaurant
L'Instant Délice

5, rue des Consuls
24200 Sarlat-la-Canéda
Tél. 05 53 59 28 67
Ouvert toute l'année 7 jours/7

Normand d'origine et Périgourdin d'adoption, Julien Lecœur a fréquenté le Lycée Hôtelier Rabelais de Caen. Il s'est laissé séduire par le foie gras au fil des belles rencontres humaines qu'il a faites dans le monde de la cuisine comme par exemple celle de René Gillard, ambassadeur du Périgord Noir, aux côtés duquel il a travaillé pendant 8 ans à l'Esplanade Domme, alors 1 étoile au Michelin. Ce passionné crée un foie gras selon son imagination développant une cuisine inventive sans cesse en renouvellement. Loin de les garder jalousement, il prend plaisir à divulguer ses secrets de fin gourmet car, pour lui, partager ses recettes, c'est partager une passion, des moments simples, juste pour s'évader quelques instants. Partage, passion, simplicité, évasion, on comprend aisément que Julien Lecœur soit tombé amoureux du Périgord !

« UN MOMENT DE FOIE GRAS DOIT RESTER UNE ÉMOTION SIMPLE À PARTAGER. »

Vincent LUCAS
Restaurant Étincelles

La Gentilhommière
Le Bourg
24440 Sainte-Sabine-Born
Tél. 05 53 74 08 79
www.gentilhommiere-etincelles.com

Soldes en bouche ; Nice-Sainte Sabine, Vol Régulier sans para-chute ; Tout verre, Tout Couverts ; La vie est un long champignon tranquille ; Too Fish, Tout Truffes… les noms drolatiques de ces dîners à thème en disent déjà long sur la pétillante énergie qui anime le chef de Étincelles, Vincent Lucas. Il se qualifie lui-même de cuisinier dissident à l'esprit de chercheur de saveurs avec une seule constance, le goût du risque et de la qualité irréprochable. Selon ses sentiments du jour, le menu sera une fois classique, une autre fois un peu fou, rompant avec les habitudes des Périgourdins… qui prennent visiblement plaisir à être bousculés puisqu'ils reviennent ! Rassurez-vous, à part dans vos assiettes, la bousculade n'est pas de mise ici. Comme un secret percé à jour, cette maison et restaurant de charme siège paisiblement au beau milieu du pays des Bastides, en Périgord Pourpre entre Bergerac et Villeneuve-sur-Lot. Verdure et fer forgé, poutres et cheminée, lin, verre et pierre… Dans ce formidable décor de campagne qui procure une irrépressible envie de se poser, vous vous sentirez comme chez vous et rien ne pourra faire plus plaisir à Vincent Lucas !

« LE FOIE GRAS SE CUISINE AVEC UN BRIN DE FOLIE. »

Christine MAURENCE
Restaurant La Taula

3, rue Denfert-Rochereau
24000 Périgueux
Tél. 05 53 35 40 02
www.restaurantlataula.com
Ouvert 7 jours/7

Chez Christine Maurence, la cuisine est une histoire de famille et rime avec Périgord. Fille de restaurateur, elle est tombée dans la marmite très tôt. Sa passion, c'est son père qui lui a transmise dès toute petite quand elle le rejoignait aux fourneaux, les jours sans école. Après avoir officié avec brio à Paris durant 15 ans, elle revient à ses racines en reprenant un charmant petit restaurant en face de la cathédrale à Périgueux. La Taula qui signifie « table » en occitan réussit l'alliance subtile entre simplicité et raffinement. Dans un décor mêlant ancienneté des vieilles pierres et tons ocres modernes, vous découvrirez une cuisine préparée avec des produits frais et de qualité. Christine Maurence vous suggère notamment le foie gras de canard mi-cuit et sa gelée de monbazillac en entrée, suivi d'une gigolette d'agneau pascal et sa purée de petits pois puis d'un moelleux au chocolat, sauce chicorée pour le dessert. Un régal des papilles !

« LE FOIE GRAS EST DÉLICIEUX NATURELLEMENT FROID, C'EST-À-DIRE MI-CUIT. »

Philippe MESURON
Table d'hôtes La Table

Lieu-dit Villac
24640 Cubjac
Tél. 05 53 53 83 94
Uniquement sur réservation

L'audace, Philippe Mesuron n'en manque pas et sa cuisine non plus ! Il lui en a fallu pour participer à la première saison de l'émission Masterchef et se retrouver jeté dans l'arène télévisuelle. Sa vie en a été bouleversée mais il est resté le même homme, un homme simple, généreux et sensible. Sa passion ? Elle lui a été inspirée par de grands noms comme Yves Camdeborde, un vrai « gars » du Sud-Ouest dont la cuisine lui parle, le séduit et lui correspond. Sa table d'hôtes, sobrement intitulée « La Table », Philippe Mesuron l'a choisie nichée à travers bois, telle une maison de poupées tout droit sortie d'un conte pour enfants. Et le décor intérieur ne détonne pas, une seule table orne la pièce, au coin du feu, on se croirait dans un livre ! L'émerveillement se poursuit dans l'assiette avec des variantes autour du foie gras à n'en plus finir : en macaron, en carpaccio, en pot-au-feu, en terrine, pané, poêlé, mijoté ou même glacé. Une parenthèse hors du temps !

Retrouvez plus de recettes de Philippe Mesuron dans ***Le foie gras dans tous ses états*** aux Éditions Albin Michel.

« LE FOIE GRAS APPORTE NOBLESSE, GÉNÉROSITÉ ET MAGIE À TOUTE PRÉPARATION CULINAIRE. »

Thierry PRALONG
Restaurant La Ferme Saint Louis

2, place Saint-Louis
24000 Périgueux
Tél. 05 53 53 82 77
https://fr-fr.facebook.com/pages/La-Ferme-Saint-Louis

Loin de l'intimider, les gavages de canards auxquels Thierry Pralong a assisté enfant, par ses grands-mères et sa mère, à Monpazier, sont restés dans sa mémoire comme de tendres souvenirs et ont forgé sa fierté de venir d'une région au savoir-faire admirable. Des canards au goût des prés, élevés en plein air, donnent des foies d'une couleur jaune ambré, ni durs, ni mous, tout simplement extras, Thierry Pralong en a l'intime conviction. Et ce n'est que du bonheur à travailler dans les casseroles et à faire découvrir dans les assiettes ! La Ferme Saint Louis déploie tous ses atouts d'entrée de jeu dès la lecture de la carte. Terrine de foie gras de canard mi-cuit au macaron à la mangue, escalope de foie gras en pot-au-feu et herbes thaïes, les innombrables recettes de ce chef qui est passé par les plus grands hôtels du monde (Westminster, Ritz, Bristol) n'ont pas fini de vous émerveiller. Nostalgiques de l'enfance, amoureux du goût, l'invitation au voyage est pour vous !

« LE FOIE GRAS PERMET DE MARIER DES PRODUITS OPPOSÉS. »

Ludovic RAYMOND

Restaurant La Gabarre

Le Mondou
24370 Saint-Julien-de-Lanpom
Tél. 05 53 29 61 43
www.restaurantlagabarre.com
Fermé le mercredi, le samedi midi
et le dimanche soir

Natif du Pas-de-Calais, ce chef « ch'ti » a élu domicile à Sarlat en 2007, charmé par la qualité de vie et des produits de ce pays gourmet où il fait bon vivre. Juché sur les bords de la paisible Dordogne, le restaurant de Ludovic Raymond, une maison typiquement périgourdine, offre un décor magique pour une dégustation tout aussi envoûtante. Au fil des saisons et des arrivages, vous vous régalerez de plats insolites comme la tarte fine bien croustillante autour du maigre et de l'aubergine, le pigeon au risotto de foie gras sur jus de réglisse, la lotte parfaitement dorée sur un risotto safrané, mais aussi de multiples mets autour des cèpes, morilles, girolles et autres merveilles du Périgord, sans oublier les desserts et l'inimitable riz au lait crémeux. Aucune fausse note, toute la partition glisse subtilement sur votre palais. Appréciez la musique du moment !

« AVEC LE FOIE GRAS, UN BON PAIN S'IMPOSE ! »

Hervé RODOT

Restaurant Le Relais de l'Ancienne Gare

Route d'Eymet
24560 Issigeac
Tél. 05 53 58 70 29
www.relais-anciennegare.com
Fermé le dimanche soir et le jeudi

Sur la route du foie gras, une étape s'impose au Relais de l'Ancienne Gare. Issigeac, arrêt le temps d'un déjeuner ou d'un dîner, tout le monde descend ! Après un tour de France des régions gastronomes (Bourgogne, Normandie, Touraine, Provence, etc.), le chef de gare, lui, n'est jamais reparti. Hervé Rodot est un Bourguignon converti sans peine au Périgord. Tout comme à ce lieu si particulier, le Relais de l'Ancienne Gare, bâtisse enfouie dans un écrin de verdure, empreinte d'histoire ferroviaire et d'émotions qu'on ne peut vivre que sur le quai d'une gare… En tant que membre de l'association « Les Toques du Périgord », tenu à une charte de qualité, Hervé Rodot ne commet que des plats raffinés élaborés avec des produits de première fraîcheur. À la carte, on trouve une rubrique rien que pour le foie gras : foie gras de canard en terrine et chutney de figues, escalope de foie gras poêlée aux pommes fruits, jus miellé, assiette de foie gras en trois façons (terrine, poêlé et cru à la fleur de sel). Le moins que l'on puisse dire, c'est qu'ici, le bon goût va bon train !

« LE FOIE GRAS EST UN PRODUIT NOBLE. »

Marie ROUGIER SALVAT

Restaurant La Tour des Vents

Lieu-dit Le Moulin de Malfourat
24240 Monbazillac
Tél. 05 53 58 30 10
www.tourdesvents.com
Ouvert du mardi soir au dimanche midi

Après avoir manié les chiffres pendant plusieurs années, Marie Rougier Salvat a troqué sa calculatrice pour la toque de chef. Le pari osé de cette autodidacte s'est avéré réussi car sa table ne désemplit pas. Adossée à un ancien moulin, La Tour des Vents est perchée sur le coteau du Monbazillac, à ses pieds ondulent le vert vif des vignobles de Bergerac et le vert tendre de la Dordogne. Une vue imprenable qui vous saisira comme seront saisies vos papilles par les mets délicats déclinés autour du foie gras, travaillé de multiples façons par son jeune chef Damien Fagette qui est à ses côtés depuis 12 ans : froid, chaud, poêlé, poché dans un bouillon, assorti de saveurs acides ou amères. Osez le menu Découverte à 69 euros, un menu surprise qui se dévoile au fil des plats. Pas de doute, Marie Rougier Salavat a fait sienne cette devise de Brillât Savarin qu'elle affectionne tout particulièrement : « La découverte d'un mets nouveau fait plus pour le bonheur du genre humain que la découverte d'une étoile. »

« LE FOIE GRAS MÉRITE L'EXCELLENCE ! »

Vincent VALVERDE

Restaurant La Brasserie sarladaise

Lieu-dit Le Pontet
24200 Sarlat-la-Canéda
Tél. 05 53 29 65 06
www.restaurantsarlat.fr
Ouvert du lundi au samedi midi et soir

Pyrénéen de souche, Vincent Valverde a beaucoup voyagé de l'Angleterre à l'Afrique en passant par l'Espagne, avant de poser ses valises de gourmandise dans le Périgord. Curieux de tout connaître, il s'est essayé à différents styles de cuisine : traditionnel, classique, de luxe pour enfin élire son préféré : le sien, tout simplement, créé en s'inspirant de ses expériences et de ses rencontres comme avec Daniel Authié qui a su lui faire aimer le métier. Car sa passion du métier est au moins aussi important que son goût pour le foie gras qu'il sait divinement mettre en valeur avec des fruits, les pommes du Sud-Ouest, ou en terrine à la banane, un exotisme qui vaut le détour ! « Sur la route du foie gras », Vincent Valverde a également croisé le chemin de l'association du même nom qui promeut ses produits et qu'il remercie à travers ses assiettes à La Brasserie sarladaise. Une route savoureuse donc qu'il ne faut pas hésiter à emprunter à votre tour !

« LE FOIE GRAS A UN GOÛT IRREMPLAÇABLE... »

INDEX DES RECETTES PAR TYPE DE PLAT

Dessert

INDEX ALPHABETIQUE DES RECETTES

INDEX DES RECETTES PAR CHEF

REMERCIEMENTS

Les éditions Albin Michel remercient particulièrement :

- Le Conseil Général de la Dordogne pour son aide précieuse à la réalisation de cet ouvrage ;

- L'association Foie gras du Périgord qui a notamment offert le foie gras pour les prises de vue ;

- Catherine Lambert et Maxime Degouy, qui ont collaboré activement à la campagne photo en mettant à disposition du photographe une de leurs maisons d'hôtes : Chez Colette et Mimi, Le Maine en Périgord ;

- Philippe Mesuron pour son soutien ;

- Alexandre Ignard et Jean-Marie Viale de Miam ! Périgord ;

- Philippe Asset pour sa flexibilité et son goût de l'aventure ;

- Et bien sûr tous les chefs qui ont participé à ce livre en donnant du temps et en offrant leur savoir-faire aux lecteurs.

Conseil Général de la Dordogne www.cg24.fr

FOIE GRAS DU PERIGORD

Les produits des oies et canards à foie gras du Périgord sont identifiables par ces deux logos apposés sur les étiquettes. L'Identité géographique protégée (IGP) Canard à Foie gras du Sud-Ouest-Périgord définit et garantit aux consommateurs qualité et origine. Depuis la naissance du caneton jusqu'à l'étiquetage final du produit, toutes les étapes de la production se déroulent dans le Périgord. La marque collective Oie du Périgord vise l'obtention d'un signe officiel de qualité et d'origine (IGP/AOP) et a déjà aujourd'hui son propre cahier des charges.

www.miam-perigord.com

Parc d'activités Cré@vallée Sud, Lieu-dit Phœbus, 24660 Notre-Dame-de-Sanilhac

Philippe Asset remercie :

- Catherine et Maxence pour leur accueil ;
Catherine Lambert et Maxence Degouy
Le Maine – 24640 Cubjac
Tel. : +33 (0) 553 053 009
Email : le.maine@wanadoo.fr – www.lemaine-en-perigord.com

- Alice Asset pour la création des fonds et des matières www.aliceasset.com ;

- Myrtille Chareyre pour son impeccable organisation.